Consultoria organizacional

SÉRIE ADMINISTRAÇÃO E NEGÓCIOS

Jeferson Luis Lima Cunha

Consultoria organizacional

EDITORA intersaberes

Rua Clara Vendramin, 58 . Mossunguê
CEP 81200-170 . Curitiba . PR . Brasil
Fone: (41) 2106-4170
www.intersaberes.com
editora@editoraintersaberes.com.br

CONSELHO EDITORIAL
Dr. Ivo José Both (presidente)
Drª. Elena Godoy
Dr. Nelson Luís Dias
Dr. Neri dos Santos
Dr. Ulf Gregor Baranow

EDITORA-CHEFE
Lindsay Azambuja

SUPERVISORA EDITORIAL
Ariadne Nunes Wenger

ANALISTA EDITORIAL
Ariel Martins

PROJETO GRÁFICO
Raphael Bernadelli

CAPA
Lado B (Marco Mazzarotto)

FOTOGRAFIA DA CAPA
Wavebreakmedia ltd/Francesco
Ridolfi/Andres Rodriguez/
PhanterMedia

1ª edição, 2013.

Foi feito o depósito legal.

Informamos que é de inteira responsabilidade do autor a emissão de conceitos.

Nenhuma parte desta publicação poderá ser reproduzida por qualquer meio ou forma sem a prévia autorização da Editora InterSaberes.

A violação dos direitos autorais é crime estabelecido na Lei n. 9.610/1998 e punido pelo art. 184 do Código Penal.

Dados Internacionais de Catalogação na Publicação (CIP)
(Câmara Brasileira do Livro, SP, Brasil)

Cunha, Jeferson Luis Lima
   Consultoria organizacional/Jeferson Luis Lima
Cunha. Curitiba: InterSaberes, 2013. (Série Administração
e Negócios)

Bibliografia.
ISBN 978-85-8212-729-2

1. Consultores 2. Consultoria I. Título. II. Série.

12-14382   CDD-658.46

Índices para catálogo sistemático:
   1. Consultoria organizacional: Administração de empresas 658.46

Sumário

Apresentação, VII

(1) Conceito, história e tendências da consultoria organizacional, 9
- 1.1 Conceito de consultoria organizacional, 12
- 1.2 Evolução histórica da consultoria organizacional, 14
- 1.3 O atual estágio do mercado e suas perspectivas, 17

(2) O perfil do consultor, 21
- 2.1 **Características do profissional,** 24
- 2.2 Ética do consultor organizacional, 28

(3) Tipos de consultoria, 33
- 3.1 Consultoria especializada, 36
- 3.2 Consultoria geral, 37
- 3.3 Compreensão das diferentes formas de consultoria, 40

3.4 O consultor interno: atuação, vantagens e desvantagens, 41

3.5 O consultor externo: atuação, vantagens e desvantagens, 43

(**4**) Organizando uma empresa de consultoria, 45

4.1 Missão e valores, 48

4.2 Adquirindo recursos e estruturando o sistema de operações, 50

4.3 Planejamento de *marketing* do consultor, 52

4.4 Elaboração do portfólio digital, 56

(**5**) Situando a consultoria nas organizações, 61

5.1 O processo de mudança nas organizações, 64

5.2 As doenças organizacionais, 66

5.3 O momento correto de se buscar um consultor, 70

5.4 A escolha do consultor ou da empresa de consultoria, 71

(**6**) Contratando um consultor ou uma empresa de consultoria, 73

6.1 O processo de negociação dos serviços de consultoria, 76

6.2 A remuneração do consultor ou da empresa de consultoria, 81

6.3 O contrato de consultoria, 83

(**7**) Construindo um diagnóstico, 85

7.1 Qual é o nosso negócio?, 88

7.2 Falando sobre visão estratégica, 89

7.3 O *checklist* como documento referencial, 91

7.4 O trabalho de busca e análise de informações, 95

(**8**) Elaboração e apresentação do projeto de melhorias, 99

8.1 A estrutura do projeto: discutindo o Plano de Ação, 103

8.2 Ferramentas de planejamento, 106

8.3 **Definição de indicadores, 110**

(**9**) A relação pós-projeto, 115

9.1 A responsabilidade pela implementação dos planos, 118

9.2 A responsabilidade pelos resultados, 120

9.3 O relacionamento após a conclusão do trabalho, 122

(**10**) A experiência Ulbra Gravataí/Sebrae e estudo de caso, 127

Considerações finais, 137

Referências, 139

Gabarito, 141

Apresentação

As atividades de gerar e compartilhar conhecimento têm sido a principal forma de promover o desenvolvimento da humanidade. Ocasionar mudanças e construir novos sistemas ou modelos sociais são reflexos do uso e da propagação do conhecimento.

Dentro de organizações, o processo de desenvolvimento certamente também depende da forma com que se adquire e é tratado o conhecimento. Estratégias e práticas internas de busca ou promoção desse conhecimento se fazem necessárias para garantir a sobrevivência e o crescimento da empresa no mercado, porém nem sempre as empresas conseguem estabelecer, com recursos próprios, essas práticas de maneira sistemática e permanente, motivo que as levam a buscar auxílio externo, ou seja, consultar um profissional especializado acerca de informações e conhecimentos necessários ao seu negócio. Nesse contexto, surge a figura do consultor organizacional, que, apesar de também poder ser um membro interno, geralmente é um agente de mudanças externo ao ambiente da empresa.

Este livro apresentará as características que compõem o exercício dessa atividade, apresentando enfoques tanto da parte do profissional consultor como da empresa que contrata seus serviços. Nos quatro primeiros capítulos, a obra realiza um estudo histórico do exercício da consultoria, abordando, inicialmente, o perfil daqueles que exercem essa função até chegar às principais formas de estruturação de empresas prestadoras de serviços especializados de consultoria organizacional.

Os dois capítulos seguintes promovem um estudo sobre o momento certo para as organizações de segmentos variados contratarem uma consultoria. Além disso, são apresentadas algumas "doenças" organizacionais que geram essa busca por apoio especializado, assim como as consultorias recomendáveis que possuem uma visão de futuro com a intenção de antever situações que possam ser vistas como oportunidades ou que que representem ameaças.

Os capítulos 7 a 9 tratam do exercício da consultoria em si, abordando as rotinas de trabalho, o relacionamento com os dirigentes e colaboradores da empresa-cliente e as ferramentas que facilitam a construção de diagnósticos mais precisos, o que desencadeia um conjunto de alternativas que acabam por compor o projeto de melhorias.

Por fim, no último capítulo é relatada a experiência de uma parceria entre a universidade e o Serviço Brasileiro de Apoio às Micro e Pequenas Empresas (Sebrae). Além disso, um estudo de caso possibilitará ao leitor exercitar a prática de consultoria organizacional em torno de uma situação real.

Com esta obra, esperamos que os profissionais que já desempenham a função de consultor ou aqueles que desejam tornar-se prestadores de serviços especializados possam ampliar qualitativamente o acerva já existente sobre o assunto.

Boa leitura!

(1)

Conceito, história e tendências da
consultoria organizacional

Jeferson Luis Lima Cunha é administrador, professor, consultor e palestrante formado pela Universidade Luterana do Brasil (Ulbra), com especialização em Marketing *e em Recursos Humanos pela mesma instituição.*
Como consultor empresarial, idealizou uma parceria com o Sebrae/RS, regional Vale do Gravataí, que oferece consultoria a micro e pequenas empresas da região. O projeto, além de constituir-se em uma excelente oportunidade de aprendizado e prática acadêmicos de diversas áreas, já beneficiou, desde a sua criação, em 2006, mais de 40 empresas.

Jeferson Luis Lima Cunha

Neste capítulo, além de conhecermos um pouco da evolução histórica do trabalho de consultoria nas organizações, de refletirmos sobre o atual estágio do mercado e de discutirmos as possibilidades futuras, estudaremos os principais conceitos elaborados e difundidos sobre consultoria organizacional. Esses conceitos permitem que tenhamos um correto entendimento dessa importante atividade, que, sistematizada e aplicada de forma correta, fortalece e solidifica ambientes organizacionais, garantindo não apenas a permanência das empresas no mercado, mas também o aumento de suas vantagens competitivas, especialmente por meio da geração de novos conhecimentos.

(1.1) Conceito de consultoria organizacional

CONSULTORIA ORGANIZACIONAL é o serviço prestado por uma empresa ou por um especialista detentor de conhecimentos e capacidades suficientes para orientar outra organização, privada ou pública, com o propósito de aprimorar processos, desenvolver estratégias e encaminhar soluções a questões de ordens diversas. Esse serviço é, portanto, realizado com o intuito de promover mudanças nas organizações clientes, na procura de um melhor posicionamento e de consequentes resultados superiores.

De acordo com o *site* do Instituto Brasileiro de Consultores de Organização (IBCO), consultoria organizacional é a

> *a atividade que visa investigar, identificar, estudar e solucionar problemas de organizações, sejam gerais ou parciais, de estrutura, funcionamento e administração, de empresas privadas ou estatais, com a indicação de métodos e soluções a serem adotados criando condições para a implantação nas organizações assessoradas.* (IBCO, 2009)

Alguns autores apresentam esse conceito de forma mais detalhada. É o caso de Oliveira (2004, p. 21, grifo nosso), que, inicialmente, define *consultoria empresarial* como "um processo interativo de um AGENTE DE MUDANÇAS EXTERNO à empresa, o qual assume a responsabilidade de auxiliar os executivos e profissionais da referida empresa nas tomadas de decisões, NÃO TENDO, ENTRETANTO, O CONTROLE DIRETO DA SITUAÇÃO". Dessa forma, é válido lembrar que o agente de mudanças externo também pode ser um agente de mudanças interno, ou seja, mesmo não atuando diretamente na área ou no setor analisado, ele faz parte do quadro de profissionais da empresa. Mais adiante, essas duas possibilidades serão discutidas.

Considerando essa perspectiva, para que haja um bom entendimento do papel do consultor ou da empresa de consultoria, bem como da amplitude de suas responsabilidades, reforçamos a expressão "não tem controle direto da situação", destacada na citação de Oliveira (2004). Vale lembrar que, enquanto o consultor é responsável pelo desenvolvimento do projeto de consultoria, o executivo da empresa é o responsável direto pela implementação deste, assumindo igualmente a responsabilidade pelos resultados. Assim, o controle total da situação é, efetivamente, do executivo. Entretanto, essa é uma questão que merecerá uma estudo mais acurado no nono capítulo.

Alguns outros estudiosos enfatizam essa ideia, como Block (1991), que ainda no início dos anos 1990 já afirmava ser a consultoria organizacional "um serviço prestado por uma pessoa que está em condição de ter influência sobre um indivíduo, grupo ou organização, mas sem o poder direto para produzir mudanças ou programas de implementação" (Block, 1991, p. 2). Notamos que o autor estabelece uma necessária "condição" para o consultor exercer influência sobre determinada empresa, o que pode ser traduzido como estar capacitado para desenvolver um projeto de melhoria ou mesmo proposições de mudanças, sem, no entanto, responsabilizar-se por isso.

Dessa forma, é importante tecermos mais alguns comentários sobre consultoria organizacional, resultantes de leituras diversas, que, se não divergem, apresentam enfoques relativamente diferenciados dos anteriormente apresentados. Essa pluralidade de conceitos é importante porque possibilita que o entendimento seja mais claro.

1. A consultoria é um serviço independente, ou seja, caracteriza-se pela imparcialidade do consultor tanto no que diz respeito à organização, quanto no que diz respeito aos componentes e dirigentes desta. Não obstante, a preocupação com o máximo de eficácia nos resultados deve ser permanente.
2. Um outro olhar pode definir a consultoria como um serviço de "aconselhamento", realizado por meio da transmissão de um conjunto de informações que visem ao desenvolvimento da organização.
3. A consultoria é um serviço prestado por pessoas independentes e qualificadas para investigar e identificar problemas, sendo que há a possibilidade de se obter auxílio na implementação das medidas. Observamos que esse auxílio caracteriza uma situação diferenciada, que exige entendimentos antecipados entre as partes envolvidas (consultor e empresa). Nesses casos, normalmente é elaborado um contrato à parte estabelecendo condições e responsabilidades específicas. No Capítulo 6 faremos uma análise com mais desvelo sobre isso.
4. A consultoria deve ter uma atuação que siga os princípios da técnica de Desenvolvimento Organizacional (DO), correspondendo a um processo de mudança planejada, que se inicia na alteração de processos e segue em busca de mudança em crenças, atitudes e valores da empresa.
5. Com relação à amplitude, pode-se verificar que o serviço de consultoria não se restringe a uma situação isolada. Ele pode oferecer análises amplas que investigam desde a estrutura da organização até questões estratégicas, de governança, de sistemas de informações gerenciais, comportamentais e mercadológicas.

Diante dos conceitos e das considerações apresentados, é possível verificar a participação de consultorias nos mais diferentes segmentos, denotando a importância destas em todo processo de desenvolvimento empresarial. Além disso, verificamos que a interação entre empresas detentoras de capital – e a consequente capacidade produtiva – e consultorias exige que estas últimas detenham o conhecimento. Esse fato, por sua vez, justifica a existência das empresas de consultoria e faz com que elas ofereçam serviços que privilegiem o aprimoramento do desempenho, o aumento da competitividade e a elevação da produtividade e dos resultados. Trata-se de um trabalho de inter-relacionamento e interdependência, no qual o êxito dos resultados gera um círculo virtuoso que permite a expansão de ambas as partes envolvidas.

(1.2) Evolução histórica da consultoria organizacional

O processo evolutivo do serviço de consultoria se confunde com a evolução das próprias organizações. O período referente ao final do século XIX e início do século XX caracterizou-se como o período que deu início à formação de grandes empresas, resultado do aumento do tamanho e da complexidade destas. Nessa época, surgiram também as primeiras teorias administrativas e os autores que se tornariam referência futuramente, tidos como precursores da ciência administrativa, como Frederick Winslow Taylor, Henri Fayol e Henry Ford. Esse quadro representa, portanto, um momento da história em que o desenvolvimento da sociedade industrial ocorreu de forma irreversível. Nesse contexto, os primeiros conglomerados industriais trouxeram consigo situações de desajustes e problemas de ordem organizacional, produtiva e de controle. As primeiras teorias administrativas ergueram-se justamente sobre esse panorama, no qual pesquisas e experimentos começaram a estabelecer parâmetros e embasamento, que serviam de referência para práticas e procedimentos objetivando melhoria nos resultados.

Apesar disso, a inexistência de análises criteriosas dos processos, de possibilidades de avaliação e aperfeiçoamento destes e de mecanismos de controle para o atendimento das necessidades gerenciais e fiscais abre espaço para o surgimento de profissionais e de empresas especializadas, que passaram a ser fornecedores desses serviços. Destacava-se aí a atuação de agentes externos com conhecimentos específicos, como engenheiros, contadores e advogados.

Conforme a pesquisa de Coget, citada por Donadone (2003), os Estados Unidos constituem-se como o local de origem das principais empresas de consultoria, havendo também registros de empresas na Inglaterra e na França. Nesses últimos países, destacavam-se a empresa francesa Gemini Consulting e as inglesas Price, fundada em 1849, e Coopers, criada em 1854. Nos Estados Unidos, os importantes nomes da época em termos de consultoria eram a fundação da Arthur D. Little, idealizada em 1886, da Ernst & Ernst e Arthur Young & Company, criada em 1906, da Arthur Andersen, fundada em 1913, da Booz Allen & Hamilton, que surgiu em 1914, e da Mckinsey, idealizada em 1926.

Ainda segundo Donadone (2003), nos anos 1920 a Arthur Andersen & Company, passou também a dirigir a sua atuação no sentido de investigar mercados, produtos, organizações e perspectivas futuras, oferecendo a bancos de investimentos de Nova York e de Chicago melhores parâmetros de avaliação e de tomada de decisão.

O período que compreende as duas décadas seguintes, 1930 e 1940, apesar da crise e da depressão econômica que se instalou após a quebra da bolsa, também foi marcado pelo crescimento do número de empresas de consultoria, muitas, certamente, alimentadas pelas próprias dificuldades do mercado. Historicamente, enquanto a crise representou algo ameaçador para muitos, para outros significou excelentes oportunidades de negócios. O mesmo ocorreu durante a Segunda Guerra Mundial, quando o governo americano passou a contratar muitos consultores com a intenção de reestruturar as formas de gerenciamento e racionalização das áreas civis e militares.

Nos anos posteriores, a presença e a atuação de empresas de consultoria aumentaram de maneira significativa, notoriamente pelo esforço americano em reconstruir a Europa no período pós-guerra. Dessa forma, o mercado de consultoria tornava-se promissor, com as grandes e tradicionais empresas norte-americanas abrindo escritórios de representação em países europeus.

Durante a década de 1960, foram introduzidas novas formas de gestão e de organização por meio de teorias que revisavam e reformulavam conceitos já existentes, estabelecendo novos formatos alinhados às necessidades que surgiam no mundo empresarial. Produtividade, eficácia, melhores mecanismos de controle, minimização de custos e de esforços já não eram os únicos aspectos-alvo de preocupação. O mercado começou a tornar-se mais competitivo e necessitava de novas estruturas, com o fortalecimento de processos e, principalmente, de estratégias de desenvolvimento.

Conforme Chiavenato (2000), um dos principais teóricos da administração – Peter F. Drucker – realizou naquele período uma releitura da Teoria Clássica, lembrando que, ao contrário do que muitos faziam, menosprezar Taylor e desacreditar de sua psicologia antiquada significava esquecer que ele havia sido o primeiro homem a estudar e a examinar a fundo o trabalho, partindo de objetivos sociais e não apenas da engenharia ou do lucro. Essas convicções fizeram com que Drucker considerasse os estudos de Taylor como base para novas teorias.

Nesse contexto, a Teoria Neoclássica é a primeira releitura, e estabelece novas formas para as estruturas organizacionais apresentando modelos distintos e apontando vantagens e desvantagens de cada uma delas. Esses diferentes tipos de organizações são classificados, segundo o autor, como: ORGANIZAÇÃO LINEAR, ORGANIZAÇÃO FUNCIONAL e ORGANIZAÇÃO LINHA-STAFF.

No último modelo, é possível identificar com clareza a presença da figura do consultor. De acordo com Chiavenato (2000), na organização LINHA-STAFF coexistem órgãos de linha (órgãos de execução) e de assessoria (órgãos de apoio e de consultoria) que mantêm relações entre si. Enquanto os órgãos de linha são norteados pelo princípio escalar, os órgãos de STAFF prestam serviços especializados e de consultoria. Essas organizações de *staff*, principalmente as de pequeno porte, disseminaram-se entre as décadas de 1960 e 1970. Além disso, o número de consultores independentes presentes no mercado de trabalho também aumentou nesse período.

A partir das décadas de 1980 e 1990, com o propalado sucesso das indústrias japonesas, as práticas e ferramentas implementadas por essas empresas passaram a ser referência no mercado, abrindo um novo e importante campo de atuação para os consultores. Dessa forma, profissionais que buscaram atualização, conhecimento e conseguiram aplicar práticas como Círculos de Controle de Qualidade (CCQ), Kaizen e *Total Quality Management* (TQM) dentro do mercado empresarial ocidental passaram a ter notoriedade.

Outra importante área que ofereceu um grande número de oportunidades tanto para empresas de consultoria quanto para consultores independentes foi a de Tecnologia da Informação (TI). Isso porque *softwares* de gestão passaram a ser fundamentais e decisivos para o desempenho das organizações. Diante desse cenário, a gestão da informação se posicionou no final do século XX como o elemento diferencial das organizações, abrindo o mercado para empresas especializadas no desenvolvimento de **softwares** gerenciais, colocando lado a lado consultores organizacionais e especialistas em sistemas e tecnologia da informação.

Ainda durante a última década do século XX, uma nova e arrebatadora onda surgiu, provocando alterações significativas nas grandes organizações e refletindo diretamente no mercado das empresas de consultoria. Trata-se da REENGENHARIA e seus conceitos de redesenho organizacional, que trouxe consigo a ideia central de tornar enxutas as estruturas existentes, utilizando o *downsizing*[a] como forma de promover essa redução por meio do achatamento dos níveis hierárquicos e da eliminação de funções e até de setores e departamentos.

Considerando esse novo cenário estabelecido, em alguns casos era comum haver o deslocamento de muitos profissionais de nível gerencial para a área da

---

a. Prática de reduzir o tamanho de uma organização por meio de demissões generalizadas.

consultoria, oferecendo, muitas vezes, serviço às empresas onde trabalhavam ou prestando orientação e serviços especializados a outras organizações.

Com o fim do século, disseminou-se a crença de que os consultores exerciam o papel incondicional de desbravadores das modernas práticas de gestão. Nesse contexto, estar preparado para mudanças deve ser uma certeza permanente desses profissionais, o que exigirá uma visão acurada e atenta, além de uma análise cada vez mais profunda do mercado.

(1.3) O atual estágio do mercado e suas perspectivas

Existem muitas contradições ou desencontro de informações em relação aos números e ao tamanho do mercado de consultoria atualmente, sendo que há apenas estimativas do faturamento deste no mercado mundial – cerca de US$ 100 bilhões. Oliveira (2004, p. 29) apresenta a evolução desse faturamento nas últimas décadas, comprovando um expressivo crescimento nos últimos 20 anos, conforme é possível observar:

- **1970**: US$ 1 bilhão
- **1980**: US$ 2 bilhões
- **1990**: US$ 25 bilhões
- **2000**: US$ 50 bilhões
- **2010**: US$ 85 bilhões (previsão)

Donadone (2003) apresenta números ainda mais expressivos, destacando que no início do século XXI as receitas já superam os 100 bilhões. Além disso, ele salienta que, entre as maiores empresas de consultoria, podemos encontrar algumas com um contingente superior a 50.000 consultores e receita de US$ 5 bilhões.

Como podemos observar, os números não são nada precisos. Existe uma dificuldade muito grande em identificar, mesmo que por aproximação, o tamanho desse mercado. Não apenas o desinteresse de muitas empresas em divulgar o seu faturamento, mas também a impossibilidade de classificar e diferenciar serviços de consultoria de outros serviços, como auditorias e treinamentos, impedem que se obtenham números corretos. Apesar disso, fica claro que o mercado de consultoria já está consolidado e forte.

Uma característica interessante nesse mercado, que ainda se mostra muito promissor, refere-se ao fato de que um grande número de profissionais, por motivos diversos, como desemprego ou aposentadoria, iniciaram atividades como consultores de empresas de maneira autônoma. Apesar disso, a maioria dos consultores atuantes no mercado são profissionais de grandes empresas de consultoria.

De certa forma, existe uma equivalência entre o tamanho da empresa de consultoria contratada e o tamanho da empresa contratante. Grandes corporações firmam contratos com empresas de consultoria tradicionais, sólidas e coerentes com a necessidade da organização contratante, que possam oferecer uma ampla faixa de áreas de atuação. Por outro lado, pequenas empresas ou consultores independentes buscam oferecer serviços em áreas específicas e atendem a uma parcela do mercado formada por micro e pequenas empresas. Independente do tamanho das consultorias, quando tentamos vislumbrar o futuro, é possível destacarmos dois aspectos, em especial, que servem de referência para qualquer tipo de projeção ou análise de tendências.

O primeiro diz respeito à explosão das fontes de informação e de transmissão de conhecimento, uma característica da atualidade que coloca as empresas diante de uma necessidade obrigatória e progressiva de atualização. É importante ressaltar que as barreiras para a aquisição de conhecimento são cada vez menores, e a obtenção de *know-how* já não apresenta custos tão elevados. Dentro desse contexto, sistemas de informação e obtenção de dados, com acessos a intranets e internet, transformam a gestão do conhecimento em uma condição essencial para a permanência da empresa no mercado. Já o segundo aspecto refere-se à expressão *gestão da mudança*, que, assim como as questões do primeiro aspecto, caracteriza uma condição de sobrevivência para as organizações na atualidade. Dessa maneira, movimentos de gestão organizacional, como programas de qualidade total, reengenharias ou redesenhos de processos, achatamento e redução dos níveis hierárquicos, entre tantos outros, surgiram como resultados do necessário aumento da competitividade e da consequente melhoria da produtividade e da eficácia das empresas. Obviamente, a melhoria da eficácia é uma característica presente em todo o processo evolutivo das organizações, mas a grande diferença em relação à atualidade reside na velocidade com que esses novos modelos e sistemas surgem, exigindo uma flexibilidade e uma capacidade de adaptação cada vez maior ao que é novo. A gestão da mudança representa, então, essa capacidade.

Diante desse quadro, o consultor deve posicionar-se como um agente de mudanças, que, por meio do seu conhecimento, poderá auxiliar seus clientes a planejar e a construir novos modelos de gestão, com estratégias inovadoras e sincronizadas com os novos contextos empresariais.

Independente do modo de atuação, especialidade ou tipo de empresa em que o consultor atuará, é inegável a exigência de uma constante e crescente atualização e da busca por conhecimentos relacionados às novas tecnologias e às tendências de mercado, bem como aos aspectos políticos e socioeconômicos, de maneira que esse profissional esteja capacitado a desenvolver com êxito diagnósticos, leituras, projeções. Além disso, ele deve estar apto a apresentar planos de melhoria, de solução de problemas, de aperfeiçoamento de processos e até mesmo de desenvolvimento de novos produtos ou serviços.

O consultor não pode mais apenas solucionar questões envolvendo a maneira como determinadas ações devem ser efetuadas dentro da empresa. Ele também precisa investigar os POR QUÊS, além de analisar a maior quantidade possível de alternativas e hipóteses. Trata-se da transição de uma posição de correção de problemas operacionais para uma posição de estratégia e gestão de mudanças.

Atividades

1. Discorra sobre as principais ferramentas e práticas surgidas nas décadas de 1980 e 1990 e suas principais contribuições para o mundo organizacional.
2. Qual foi a principal transformação no desempenho do consultor nesses últimos anos?
3. Em um dos conceitos apresentados neste capítulo, diz-se que o consultor é entendido como um agente de mudanças em empresas públicas ou privadas, responsável por auxiliar seus dirigentes na tomada de decisões sem ter o controle direto da situação. Explique por que ele não pode controlar diretamente a situação.

(2)

O perfil do consultor

Jeferson Luis Lima Cunha

A palavra de ordem nas organizações contemporâneas é COM-PETÊNCIA. Ser competente significa ser suficiente, capaz e estar apto a realizar algo. Uma organização que adota o modelo de GESTÃO POR COMPETÊNCIAS está promovendo um sistema em que, prioritariamente, as aptidões de seus colaboradores serão avaliadas e confrontadas com as características necessárias e estabelecidas para a função ou o cargo a ser ocupado por determinado indivíduo. Nesse contexto, as competências podem ser determinadas e dimensionadas não apenas individualmente, mas também em forma de grupos de trabalho. Equipes podem ter o seu desempenho mensurado mediante uma série de indicadores construídos sobre uma base de competências necessárias. Nessa mesma direção, as próprias organizações passam a ser vistas como empresas de EXCELÊNCIA quando se mostram competentes na realização de suas ações e especialmente na geração de resultados.

Dessa forma, podemos afirmar que o objetivo de um consultor ou de uma consultoria é transformar a empresa-cliente em uma organização de excelência. Nesse sentido, o conjunto de colaboradores e de gestores da empresa também deve desempenhar suas funções de maneira eficaz. Para que esse objetivo seja alcançado, obviamente, o consultor deve oferecer serviços altamente qualificados à empresa-cliente.

Assim, entendemos que o consultor deve exibir e expressar competência. Diante disso, fazemos a seguinte pergunta: Como alcançar essa competência? Para que possamos responder a essa questão e, consequentemente, ter um detalhamento maior acerca do perfil do consultor, precisamos verificar o que faz de alguém um profissional competente.

Mediante algumas definições, podemos entender o significado da palavra *competência* e averiguar as características que determinado indivíduo deve reunir para se tornar competente. De acordo com Chiavenato (2007), as competências básicas são aquelas dispostas na forma de conhecimentos, habilidades, atitudes, interesses, valor ou até mesmo outras características pessoais essenciais para o desenvolvimento de determinada tarefa que diferenciam o desempenho das pessoas. Na mesma linha de pensamento, encontramos a definição cunhada por Picarelli (2002, p. 219), que afirma que "competência é o conjunto de características percebidas nas pessoas que envolvem conhecimentos, habilidades e atitudes que levam a um desempenho superior. Competências envolvem comportamentos observáveis e mensuráveis relacionados ao trabalho".

Os tópicos desse capítulo oferecerão pormenores dessas características, associando-as à atuação do consultor, além de particularizar a questão da ética profissional no exercício dos serviços de consultoria.

(2.1) Características do profissional

Seguindo os conceitos de competência apresentados anteriormente, analisaremos cada uma das características mencionadas, atribuindo-lhes comentários e associando-as ao exercício da consultoria.

A Figura 2.1 traz as três características das competências básicas em uma pirâmide, o que sugere uma determinada hierarquia.

Figura 2.1 – Pirâmide das características referentes às competências básicas

Na base, como elemento de sustentação da pirâmide, está a característica denominada *conhecimento* – ou *saber*. O consultor, antes de evoluir para os níveis superiores, precisa estar capacitado para interpretar diferentes problemas e situações nas empresas e fazer a leitura correta, encaminhando diagnósticos ou criando estratégias de desenvolvimento, o que exige um elevado grau de conhecimento. Para tanto, o profissional deve estar permanentemente em busca de atualização e aprendizagem, tanto em questões técnicas, quanto em questões de ordem geral. Para exemplificar, podemos imaginar um consultor que está prestes a oferecer serviços na área de comércio internacional, em que detalhes referentes às barreiras tarifárias, aos variados níveis de incerteza dos diferentes mercados, às políticas governamentais, às leis, à competição, entre tantas outras questões, devem obrigatoriamente ser de pleno conhecimento do profissional. Da mesma forma, um consultor que trabalhará na análise da situação financeira de determinada empresa precisa não apenas ter a capacidade de analisar e interpretar os quadros demonstrativos da situação econômico-financeira da companhia, como também estar atualizado sobre oportunidades de investimento, custos de aplicação de capital, fontes de recursos, entre outros.

Muito mais do que o conhecimento de aspectos técnicos, o consultor, particularmente, precisa estar informado sobre as funções administrativas e as áreas funcionais da empresa, que devem ser vistas de forma integrada. As relações **entre os diversos departamentos, os reflexos de decisões em determinada área** sobre outras, as ferramentas existentes para o desenvolvimento de planos, a organização de processos e os controles de resultados precisam ser de domínio desse profissional. Cabe ainda ao consultor ver os indivíduos como seres humanos, com desejos, necessidades e idiossincrasias, pois, com frequência, os projetos encaminhados para setores da empresa irão envolver o corpo funcional desta, podendo gerar, dependendo da forma como serão sugeridos, animosidade, incertezas, ceticismo e até mesmo resistência.

Dessa maneira, o conhecimento colocado na base indica claramente que não há como desenvolver habilidades sem que se tenha um bom domínio do assunto a ser tratado. Em outras palavras, o consultor precisa ter INTELIGÊNCIA EMPRESARIAL e visão de futuro, além de ser especialista sem deixar de ser generalista e estar em constante processo de aprendizagem para ampliar, transmitir e compartilhar conhecimentos.

O segundo estágio da pirâmide traz a característica HABILIDADE – ou SABER FAZER. Uma vez atendida a condição da base, ou seja, havendo conhecimento suficiente para o exercício da função de consultor, partiremos para a aplicação desse conhecimento, sendo que a condição primeira é possuir uma visão sistêmica da organização e do contexto em que esta se insere, pois o FAZER repercute em outras áreas, o que exige uma visão do todo.

Por isso, o consultor deve saber trabalhar em equipe, já que, em muitas circunstâncias, ele precisará se associar a consultores com outras especializações, mas envolvidos em um único projeto. A parceria com diretores e colaboradores de níveis gerenciais também chega a ocorrer, o que exige a mesma capacidade de trabalhar com outros profissionais. Nesse contexto, uma comunicação adequada é fundamental para que o consultor possa transmitir com nitidez as ideias e propostas formuladas, já que permitirá a assimilação das informações sem risco de incidência de ruídos ou distorções.

Além disso, cabe ao consultor ter espírito crítico, questionador, e não aceitar como verdades os fatos que sempre foram considerados dessa forma. A dúvida sistemática, o PORQUÊ de cada situação que se apresenta deve ser uma constante nas análises realizadas. A interpretação e o diagnóstico surgem após o esgotamento de alternativas e possibilidades, quando se procura estabelecer o máximo de hipóteses possíveis. Saber julgar com discernimento e equilíbrio também deve ser uma habilidade fundamental do consultor, pois a precisão do julgamento é tão importante quanto uma comunicação adequada e o levantamento de todas as hipóteses e peculiaridades da situação. O espírito crítico deve ser acompanhado de ponderação, favorecendo um julgamento correto. Diante disso, definir prioridades também é uma habilidade que sucede as anteriores, pois, após todo o processo de crítica, de análise, de levantamento de hipóteses ou alternativas e de equilíbrio no julgamento, cabe ao consultor indicar ou recomendar as ações, priorizando-as de acordo com o seu conhecimento e do cenário da situação.

O terceiro e último estágio da pirâmide, denominado *atitude* – ou *saber fazer acontecer* –, representa uma característica comportamental. O consultor deve ter uma postura proativa e interativa, trabalhando com os gestores e colaboradores com disposição e energia e influenciando positivamente o relacionamento entre eles. Além disso, esse profissional precisa transmitir segurança e credibilidade quanto ao trabalho realizado, transformando, aos olhos da empresa, riscos em oportunidades e favorecendo a aceitação e a implementação das propostas. Considerando esse contexto, é válido ressaltar que, durante o processo de trabalho, o entusiasmo e o comprometimento de todas as partes envolvidas são essenciais.

Não há como criar um ambiente de ótimo clima organizacional e de moral elevada se aqueles que comandam ou dirigem as atividades não se apresentam com um alto grau de motivação. Além disso, o consultor, desempenhando o papel de impulsionador e promotor de um ambiente favorável a mudanças, precisa estar igualmente motivado. A atitude é a forma com que esse profissional busca tornar reais as suas ideias e concepções, e deve estar aliada a um poder de convencimento que instigue os seus interlocutores a crer nas proposições ou, então, a debater em busca do aprimoramento destas. A atividade do consultor envolve ainda saber lidar com erros, transformando-os em oportunidades de aprendizagem. Nesse caso, devem ser estabelecidos, de comum acordo com a empresa contratante, processos de experimentação, que são recomendáveis para a inovação de produtos ou serviços e para o desenvolvimento de negócios.

Como característica final e complementar aos conhecimentos e habilidades já descritos, citamos a lealdade. O consultor deve ser leal e criar condições para que todos os colaboradores desenvolvam esse espírito dentro da organização. Essa *lealdade* ou *fidelidade* – expressão tão comumente utilizada atualmente nas empresas, quando se refere ao objetivo a ser alcançado na relação com os clientes, deve ser plantada e disseminada inicialmente dentro da própria empresa. Não haverá cliente leal enquanto os colaboradores não o forem.

Esses três estágios da pirâmide são, portanto, uma síntese do conjunto de características que dá origem às competências necessárias para o bom exercício do consultor organizacional. Apesar de outros autores utilizarem diferentes denominações, os conceitos se aproximam bastante da síntese apresentada. Um exemplo disso é a listagem de competências de Pierry (2006), que não se aplicam somente para o exercício da consultoria, mas para todo e qualquer tipo de **atividade profissional**, como podemos verificar a seguir:

- COMPETÊNCIAS TÉCNICAS: podem advir de forma acadêmica (cursos de formação e aperfeiçoamento) e não acadêmica (mídia, internet etc.);

- COMPETÊNCIAS EMOCIONAIS OU AFETIVAS: representam a capacidade de lidar com o grau de responsabilidade e complexidade das funções (trabalhar em equipe, lidar com pressões, ter flexibilidade nas negociações, entre outras);

- COMPETÊNCIAS RACIONAIS OU INTELECTUAIS: são traços ou características da personalidade laboral que podem potencializar as competências emocionais (produtividade, ritmo de trabalho, capacidade para solucionar problemas etc).

Dessa forma, podemos perceber a proximidade dos conceitos em relação a denominações distintas, em que as competências técnicas representam o CONHECIMENTO constante na base da pirâmide vista anteriormente. Já as competências emocionais ou afetivas são as HABILIDADES QUE DEVEM SER DESENVOLVIDAS. Finalmente, há as competências racionais ou intelectuais, que traduzem as ATITUDES esperadas de um profissional, nas quais se destacam atitudes objetivas, concretas e de proatividade.

Enfim, essas são as características que compõem as competências básicas de um consultor, definindo, dessa forma, o perfil desse profissional, cuja base é o conhecimento e a permanente busca por atualização, somados às habilidades que demonstram sua capacidade de atuação prática na aplicação dos conhecimentos. O consultor deve, então, saber analisar, discernir, julgar possibilidades e alternativas, comunicar-se adequadamente e, por fim, ter uma atitude firme, correta, entusiasmada e que inspire confiança e lealdade na empresa-cliente.

(2.2) Ética do consultor organizacional

Podemos dizer que a ética é uma preocupação inerente ao ser humano, que tem liberdade de escolha. Quando nos deparamos com cursos de ação alternativos, nos questionamos sobre qual seria a escolha moral correta. Sendo assim, o que seria uma escolha ética?

No caso específico da consultoria, não se espera que os profissionais cheguem a decisões, propostas e consensos sobre o que é certo ou não, inclusive porque, em uma diversidade de situações, não há uma prática de consultoria superior às demais. Entretanto, fazer uma escolha ética é um processo de tomada de decisão no qual o agente da ação é o responsável pelas consequências de seu ato. Dessa forma, a responsabilidade passa a ser um componente fundamental em uma decisão ética.

O consultor organizacional ético é aquele que utiliza meios honestos para desenvolver o seu trabalho, agindo de maneira responsável em relação à empresa-cliente, assim como com a comunidade e com a própria categoria profissional.

Considerando esse contexto, o Instituto Brasileiro de Consultores de Organização (IBCO) elaborou e disponibiliza em seu *site* o CÓDIGO DE ÉTICA DO CONSULTOR[a], tornando-o um instrumento de monitoramento e acompanhamento da conduta do consultor organizacional. São, ao todo, 19 cláusulas, distribuídas em quatro categorias, que instruem quanto à atuação desse profissional na comunidade em geral.

Além disso, esse código contempla, de maneira ampla, várias situações possíveis em que um consultor ou o grupo de consultores atua, recomendando comportamentos e atitudes que certamente geram bons resultados, entendendo-se isso como o respeito aos princípios morais estabelecidos pela sociedade em que vivemos. De qualquer modo, ainda assim consideramos relevante tecer considerações sobre alguns dos itens do código.

A cláusula segunda do referido documento reforça que o consultor não deve manter reserva de mercado, pois isso significa impedir que a empresa-cliente possa dar continuidade aos serviços realizados pela consultoria. O conhecimento relacionado ao serviço de consultoria desenvolvido deve ser compartilhado de maneira que a empresa-cliente possa realizar a sequência de trabalho efetiva independentemente do consultor. Mesmo a introdução de inovações deve ocorrer de tal forma que todo o processo fique absolutamente transparente, fazendo com que a empresa-cliente solidifique e amplie os novos processos. Por outro lado, o consultor organizacional não deve fazer uso dos conhecimentos adquiridos, como informações específicas e tecnologias existentes, para si próprio ou em benefício de terceiros.

Outro importante aspecto diz respeito ao trabalho do consultor com empresas-clientes que atuam em um mesmo segmento e praça, constituindo-se, assim, concorrentes diretos. Essa é, sem dúvida, uma situação delicada e de difícil gerenciamento, mas que, como qualquer problema, possui solução, ou melhor, alternativas possíveis de encaminhamento com resultados satisfatórios. Partindo de uma situação hipotética para efeito de análise didática, primeiramente precisamos entender que essa situação representa um dilema ético, pois o consultor

---

a. Para ver o Código de Ética do Consultor na íntegra, acesse: <http://www.ibco.org.br/conteudo.asp?cod_conteudo=11>.

já está prestando serviços para uma determinada empresa quando é contatado para prestar serviços para outra, concorrente da primeira.

De imediato, duas hipóteses se apresentam. A primeira é a recusa, justificada exatamente pelo fato de já existir um contrato com uma empresa do mesmo ramo. Dessa forma, mesmo que não haja uma cláusula de exclusividade, não seria correto o consultor oferecer seus conhecimentos para uma empresa que concorre com o seu cliente. Por outro lado, partindo da premissa de que o consultor oferece os seus serviços ao mercado como um todo, ele poderia aceitar a oferta e começar a prestar os serviços de consultoria para a segunda empresa, resguardando as informações sigilosas, com todo o profissionalismo e a competência exigidos em situações dessa natureza.

Ambas as soluções podem ser consideradas corretas, mas, certamente, a segunda abre espaço para a desconfiança e constrangimentos futuros. A atitude mais adequada nesses casos – que não são tão raros – é, inicialmente, verificar com cuidado qual o tipo de consultoria que está sendo oferecido ou pretendido em cada uma das empresas. É preciso analisar até que ponto será possível separar as informações e o conhecimento adquirido referentes aos processos, às estratégias e à tecnologia de cada organização. Sem dúvida, quanto mais complexa e ampla for a consultoria, maior será o acesso a informações e, consequentemente, mais sigilosas estas serão, o que tornaria a situação embaraçosa e delicada se considerarmos a realização de consultorias em empresas concorrentes. Caso os serviços a serem contratados permitam a realização de atividades em outra organização, ainda assim uma reunião com cada uma das empresas é fundamental, bem como a elaboração de contratos claros que reduzam a possibilidade de eventuais dificuldades no futuro.

Ainda nos reportando ao Código de Ética do Consultor, vale ratificar o que é citado na cláusula sexta, que aborda a questão da recomendação de outros profissionais ou equipamentos para a empresa tomadora dos serviços de consultoria, por parte do consultor. Caso, em algum momento do diagnóstico, seja constatada a necessidade de contratação de uma empresa terceira, de profissionais para oferecer consultoria em outra área que não seja a especialidade do consultor, de uma empresa desenvolvedora de sistemas de gestão ou mesmo de empresas detentoras de tecnologias avançadas, a indicação só deverá ocorrer em função da qualificação técnica e da competência. Certamente, indicar conhecidos ou parceiros pode levantar dúvidas quanto à competência destes, bem como quanto à idoneidade do consultor. Em contrapartida, é imprescindível que o consultor assuma somente aquilo que está capacitado a resolver ou investigar. Diante dessa situação, ele não perderia o mérito se informasse que não possui competência ou conhecimento suficiente em determinada(s) área(s) específica(s). Muito pelo contrário, ele evitaria dificuldades e até mesmo o fracasso no trabalho de consultoria. Em casos como esse, a recomendação de empresas se faz, então, necessária.

Uma outra ocorrência possível nas relações entre consultor e empresa-cliente resulta da interação cotidiana e intensa entre os funcionários da organização e os consultores, que pode até despertar, em determinadas ocasiões, o interesse desses funcionários em trabalhar para a empresa de consultoria. Essa também é uma situação delicada, que exige sabedoria e ponderação na condução da questão. A princípio, não se recomenda a contratação nessas situações, mas caso haja uma real possibilidade de crescimento do profissional e a empresa de consultoria perceba que a contratação irá agregar valor, além de haver também a possibilidade de substituição do profissional na empresa-cliente, sem prejuízo de nenhuma ordem, a transferência pode acontecer, mas com todo o cuidado e transparência que a situação exige, com uma negociação envolvendo um diálogo aberto e producente.

Por fim, reiterando o que foi contemplado no referido código, se a filosofia da empresa e seus padrões culturais e políticos forem contrários aos princípios morais e éticos do consultor, ferindo a sua consciência profissional e pessoal, a decisão mais correta é ele se recusar a continuar o trabalho por meio da rescisão do contrato.

Atividades

1. Das afirmações a seguir, relacionadas à gestão por competências, assinale a que está INCORRETA:
    a. Trata-se de um modelo que confronta os padrões estabelecidos para as funções e as competências individuais dos colaboradores.
    b. Competência é o conjunto de características percebidas nas pessoas, e envolvem conhecimentos, habilidades e atitudes.
    c. Enquanto o conhecimento significa "saber", as habilidades representam o "saber fazer".
    d. O terceiro e último estágio da pirâmide referente às características das competências básicas diz respeito a uma característica técnica.
    e. Uma característica comportamental possui relação com o estado motivacional do indivíduo.

2. O Instituto Brasileiro de Consultores de Organizacionação (IBCO) elaborou o Código de Ética do Consultor, que, na cláusula segunda, estabelece que o consultor "não deve manter reserva de mercado". O que isso significa?

3. Assinale a alternativa INCORRETA, relativa às características desejáveis no perfil do consultor:
   a. Permanente busca por atualização.
   b. Atitude firme e autoritária.
   c. Capacidade de análise e julgamento.
   d. Capacidade de comunicar-se adequadamente.
   e. Atitude que inspire confiança e entusiasmo.

(3)

Tipos de consultoria

Depois de termos conhecido o significado de *consultoria* e o perfil desejável de um profissional que irá exercer a função de consultor, apresentaremos neste capítulo os mecanismos para se oferecer os mais variados serviços.

Em geral, podemos classificar as empresas de consultoria de duas formas: CONSULTORIA ESPECIALIZADA – que detém conhecimentos em uma área específica, como *marketing*, finanças, comércio exterior, sistemas de informação etc. – e CONSULTORIA GERAL – que oferta serviços que podem contemplar todas as áreas da empresa. No entanto, é possível que haja uma subclassificação com base nessa classificação inicial. Isso porque tanto a consultoria geral como a especializada podem ser oferecidas por meio do modo estruturado ou de maneira particularizada. Visando oferecer um entendimento correto, todas essas possibilidades são apresentadas, exemplificadas e comentadas a seguir. Além disso, caso o leitor se interesse em atuar na área, poderá iniciar o seu projeto de empresa com um melhor direcionamento.

Também conheceremos as características de um consultor interno. Assim, poderemos confrontá-las com as peculiaridades do consultor externo, entendendo as vantagens e desvantagens de cada um para a empresa contratante.

(3.1) Consultoria especializada

Nesses casos, existe uma FORTE ESPECIALIZAÇÃO DO CONSULTOR ou da empresa de consultoria em determinada área. Atualmente, quando uma pessoa ou empresa adquire determinado bem ou serviço, espera-se e exige-se que este seja oferecido com uma qualidade que, no mínimo, atenda às suas expectativas. Dessa forma, o cliente espera que o consultor possua informações atualizadas e conhecimentos de técnicas, ferramentas e tecnologias de última geração.

No instante em que uma empresa busca os serviços de um consultor na área de *marketing*, por exemplo, ela espera que ele domine o assunto e tenha informações atualizadas sobre todas as alternativas possíveis para o desenvolvimento dos planos e estratégias de *marketing*. Nesse caso específico, o consultor deve informar-se sobre os *softwares* que possam auxiliar na gestão do relacionamento com os clientes, conhecer fontes de dados e empresas ou institutos de pesquisa que possam fornecer, com confiabilidade, informações mercadológicas e, ainda, estar atualizado acerca de formas e custos de mídia possíveis de serem utilizados, assim como de todas as outras formas e canais de comunicação. Sintetizando, um consultor de *marketing* precisa possuir um amplo, atualizado e confiável conjunto de informações que deverá se transformar em conhecimento, possibilitando a análise de cenários e o planejamento empresarial.

As consultorias especializadas, dessa forma, representam todas as empresas ou consultores independentes que oferecem um conhecimento específico em determinada área. Entretanto, mesmo que o consultor seja um especialista, ele deve, obrigatoriamente, ter uma visão mais ampla, tanto do mercado como da própria empresa-cliente, podendo perceber e entender as interações e interdependências setoriais, pois, com frequência, as ações e os planos desenvolvidos em uma área repercutem nas demais. Um exemplo dessa interdependência pode ser claramente percebido por meio da relação entre as áreas de contas a pagar e a receber e a área comercial. Promoções comerciais, geralmente, demandam investimentos, o que exige um planejamento conjunto entre as áreas. Além disso, para efetuar compras com o intuito de organizar uma programação que não cause desencaixe financeiro, por exemplo, é necessário verificar a disponibilidade e o fluxo de caixa. Diante disso, a própria política de financiamento, tanto em situações de compra como de venda, deve ser construída em sintonia com a área financeira.

Outro elemento de interação importante nessa modalidade refere-se à necessidade de atuação de novas consultorias especialistas em outras áreas da empresa-cliente, que pode surgir por meio de um diagnóstico elaborado pela primeira empresa de consultoria especializada contratada, ou até mesmo ser uma decisão da própria empresa-cliente, que deseja contratar empresas distintas buscando aquelas que lhe pareçam mais competentes em determinadas áreas.

Em qualquer uma das situações, o relacionamento entre consultores ou empresas de consultoria deve estar focado no atendimento dos propósitos da empresa-cliente com a máxima eficiência possível. Nesses casos, o recomendável é a construção de um trabalho de parceria, com ações e programas definidos em reuniões de trabalho, que promova a interação entre as consultorias e a área executiva e de planejamento da empresa-cliente.

Cabe destacar que tais reuniões, independente do fato de estar ou não sendo contratada apenas uma consultoria especializada, devem sempre ocorrer com o propósito de definir responsabilidades, prazos e abordar outras questões pertinentes ao desenvolvimento do trabalho, mas isso será alvo de estudo em capítulos posteriores.

(3.2) Consultoria geral

Outro tipo de consultoria é a AMPLA – ou GERAL –, em que há uma oferta de serviços que englobam todas as áreas de uma empresa. Normalmente, busca-se essa modalidade de prestação de serviços quando a empresa contratante enfrenta dificuldades que ameaçam a sua sobrevivência, sem ter, no entanto, consciência das causas que a conduziram a essa situação. Uma consultoria ampla ou geral também é requisitada quando a empresa-cliente pretende realizar mudanças de grande ordem, como reorganização geral dos processos, ampliação ou abertura de novas unidades, reposicionamento no mercado com lançamento de novos produtos e demais casos que demandem uma avaliação da empresa por meio de uma visão do todo organizacional.

Nesse contexto, se as empresas contratantes estiverem enfrentando uma situação que exija uma análise ampla, seguramente uma consultoria geral seria a opção recomendada, pois oferece melhores possibilidades de análise, de diagnósticos, de projeções e de desenvolvimento de projetos, fundamentalmente por não depender da interação com outras consultorias e possibilitar o acesso às diversas áreas da empresa de uma forma mais direta. Essa característica permite também que os serviços sejam, na maioria das vezes, menos onerosos para a empresa-cliente do que se esta buscasse várias empresas especialistas e firmasse contrato com cada uma delas.

Inegavelmente, todas essas questões caracterizam vantagens bastante significativas a favor da contratação de empresas de consultoria ampla. Dessa forma, uma condição fundamental para esse segmento de consultoria é possuir profissionais especialistas em cada uma das áreas passíveis de investigação ou trabalho. Além disso, a interação entre esses consultores é bastante importante na medida em que eles passam a compartilhar conhecimentos, o que contribui para que equipes sejam organizadas e designadas para cada trabalho ou etapa do processo.

A diversidade de áreas em que as consultorias amplas podem atuar varia muito, passando pelo desenvolvimento do planejamento estratégico, pela pesquisa do clima organizacional, de procedimentos e de práticas operacionais, pela identificação de oportunidades, pelo desenvolvimento de talentos e até mesmo pela gestão de competências.

Nesse contexto, conforme foi dito anteriormente, tanto a consultoria geral como a especializada podem apresentar subclassificações. Elas estão listadas a seguir:

- **Consultores associados**: nesse caso, os consultores são contratados por projeto, ou seja, não possuem vínculo permanente com a empresa de consultoria, e fazem parte de um grupo de profissionais denominados *associados*, que estão à disposição da organização. A partir da realização do diagnóstico prévio na empresa-cliente, determina-se quais profissionais devem ser contratados para trabalhos específicos. Existe também a possibilidade de esses consultores associados atuarem na prestação de serviços a empresas de consultoria especializada. Nesse caso, os associados são especialistas em determinadas áreas, mas não possuem vínculo com a empresa, sendo requisitados por esta apenas quando há uma demanda superior à sua capacidade de oferta.

- **Consultores cooperativos**: o modelo de cooperativa pode ser considerado um estágio mais avançado do modelo anterior, pois existe uma interação maior entre os profissionais, uma vez que eles atuam como sócios cooperados.

> A principal característica desse segmento é a reunião de especialistas de todas as áreas, que, por não possuírem capital para atuar em um mercado de fortes e grandes empresas concorrentes, percebem na cooperativa uma forma de competir no mercado de trabalho. Outra tendência bastante interessante em relação às cooperativas de consultores é a grande adesão de consultores independentes que se associam a elas visando conseguir credenciamento junto ao Serviço de Apoio às Micro e Pequenas Empresas (Sebrae). Isso porque exige-se que todo consultor seja cadastrado como pessoa jurídica. Em geral, as cooperativas não só atendem aos requisitos exigidos pelo Sebrae, como já estão inclusive cadastradas e credenciadas.

Além disso, como dito anteriormente, tanto a consultoria geral como a especializada podem ainda ser subdivididas em ESTRUTURADA OU PARTICULARIZADA.

Consultoria estruturada

Possui modelos estruturados por meio de técnicas e metodologias elaboradas e organizadas, que servem de orientação ou até mesmo como roteiro para o trabalho do consultor. A consultoria estruturada consiste em um modelo interessante para profissionais em início de carreira, que não possuem a desejável experiência para resolver algumas situações-problema. Uma possível vantagem, bem como uma justificativa para a contratação desse tipo de consultoria, é o custo reduzido dos serviços, que normalmente ocorre devido ao fato de a estruturação geral da metodologia e da aplicação de técnicas já ter sido determinada anteriormente.

Consultoria particularizada

Todo projeto de consultoria é desenvolvido com base nas particularidades da empresa-cliente. Dessa maneira, as técnicas e os procedimentos já existentes são direcionados e adaptados para a realidade diagnosticada. É certo que os conhecimentos e experiências que o consultor ou a empresa de consultoria possuem servem de referência e embasamento para a construção desse diagnóstico, mas a particularização ocorre quando o referido consultor promove ajustes e adaptações, com o foco no atendimento das expectativas da empresa-cliente.

(3.3) Compreensão das diferentes formas de consultoria

A compreensão das diferentes formas de consultoria, suas características, vantagens e desvantagens, é importante para aqueles que pesquisam sobre o assunto, com o objetivo de buscar conhecimento e até mesmo um rumo profissional. Nesse contexto, é importante que as empresas conheçam as singularidades de cada consultoria, pois assim estarão mais bem capacitadas a desenvolver um processo de negociação e definição do modelo ou tipo de consultoria adequados às suas necessidades de maneira mais eficaz.

Outras formas de apresentação dos tipos de consultorias ou maneira de classificá-las são encontradas em diversas publicações. No entanto, invariavelmente as denominações diferenciadas surgem em torno de conceitos e formatos aqui apresentados, desaconselhando comentários ou análises que possivelmente se tornariam repetitivas.

Complementando os estudos sobre as diferentes formas de atuação dos consultores, é relevante discorrer ainda sobre o consultor como agente de mudanças externo e comparar essa atuação com uma outra possibilidade existente, que é a de atuação dentro da própria organização, ou seja, como consultor interno. Podemos encontrar vantagens e desvantagens nas duas situações, assim como é possível que observemos alguns cuidados necessários e características específicas. Porém, antes de entrarmos nessa questão, faremos algumas considerações acerca de um profissional que, entre as décadas de 1960/1970 até meados dos anos 1980, esteve presente em muitas organizações e, por vezes, ainda é lembrado e comparado com os consultores internos da atualidade. Trata-se do PROFISSIONAL DE ORGANIZAÇÃO E MÉTODOS (O&M), ou ANALISTA DE ORGANIZAÇÃO E MÉTODOS.

Em consonância com o que afirma Cruz (1997), a visão do analista de O&M era muito estreita, ou, em outras palavras, englobava uma preocupação muito compartimentada, estanque, o que limitava a abrangência da solução adotada. A grande dificuldade, que, de certa forma, acabou gerando ao longo do tempo uma reputação nada positiva a respeito desse profissional, se deve ao fato de que em muitas empresas o analista de O&M era recrutado dentro da própria organização, sendo que nem sempre ele possuía a formação teórica e acadêmica necessária.

Como consequência, podemos perceber que, salvo raras exceções, o analista de O&M preocupava-se apenas em aumentar o fluxo da informação dentro de determinada área, chamando essa tarefa de *rotina*. Quando o fluxo ultrapassava os limites da área analisada, o profissional tinha dificuldade em enxergar o processo como um todo. Além disso, um grande número de formulários era criado como resultado das análises desse indivíduo, burocratizando em demasia e até confundindo o entendimento das rotinas.

Outra situação que contribuiu para aumentar a fama ou a reputação negativa do analista de O&M foi o enorme tempo que esse profissional perdia no estudo e na redefinição do *layout* dos setores e departamentos da organização. Isso porque ele elaborava plantas em escala, com todos os móveis em recorte, e os distribuía e redistribuía incansáveis vezes até encontrar a posição ideal. Certamente, essa ineficácia era mais resultado do despreparo desse analista do que propriamente da função que se havia criado. De qualquer forma, mesmo que em decorrência de uma desqualificação profissional, aos poucos essa função foi perdendo credibilidade dentro das organizações, e seu espaço foi sendo reduzido gradativamente, inexistindo atualmente.

É importante que tenhamos como base a função do analista de O&M nas organizações para que isso sirva de parâmetro se a possibilidade de promover determinado colaborador ao cargo de consultor interno for cogitada. Cabe ressaltar que o não alcance dos objetivos projetados em um trabalho de consultoria pode ser resultado de uma incorreta definição de critérios no momento da seleção desse profissional, os quais não atendam, por exemplo, às características apontadas na Seção 2.1 deste livro.

Diante disso, oferecer condições adequadas e criar um ambiente propício para um trabalho de averiguação intensa de toda a dinâmica empresarial, com o esclarecimento dos objetivos e da forma de trabalho do consultor a todos os colaboradores, são atitudes necessárias.

Caso isso não aconteça, a possibilidade de haver resistência e até boicote em relação ao fornecimento das informações pode se tornar concreta. Isso porque, muitas vezes, os colaboradores, assim como costumava acontecer com os analistas de O&M, imaginam que o trabalho do consultor irá gerar um enxugamento do quadro de pessoal para atender a uma necessidade de redução de custos e aumento da competitividade.

(3.4) O consultor interno: atuação, vantagens e desvantagens

O consultor interno é aquele profissional que possui vínculo com a empresa, estando situado em algum local da hierarquia organizacional. Dessa forma, ele desenvolve o papel de facilitador das diversas áreas e setores.

Ianini (1996, p. 26) sugere que estaria ocorrendo um aumento da utilização do consultor interno nas empresas, já que este detém "um maior conhecimento do negócio, o que é fundamental para a intervenção ou para a implantação de mudanças organizacionais". No entanto, esse profissional é influenciado pelas filosofias e políticas da organização, o que dificulta o exercício de forma neutra quando se fala de orientações e análises, tanto dentro quanto fora dos departamentos. O autor salienta ainda que "o custo da consultoria desenvolvida pelo pessoal da própria empresa é quatro vezes menor do que quando utilizamos recursos externos" (Ianini, 1996, p. 32).

Outro ponto importante diz respeito ao fato de que, como o consultor "pertence" à empresa, o seu conhecimento sobre os procedimentos, as rotinas, as regras, os regulamentos e até mesmo sobre os aspectos relacionados à cultura organizacional deve ser bastante amplo. Só assim o trabalho desse profissional constituiria uma vantagem interessante para a empresa.

Nesse contexto, o conhecimento dos aspectos informais da organização, ou seja, as relações que extrapolam a hierarquia ou independem da estrutura hierárquica formalmente constituída, mas que existem e influenciam as relações da organização formal, também pode ser considerado uma vantagem. Um consultor crítico, observador e atento certamente saberá se valer dessas relações informais para ter uma melhor acessibilidade às pessoas e, consequentemente, às informações e aos processos das áreas investigadas. Além disso, por ser um colaborador que integra o quadro funcional da empresa, o consultor está diariamente envolvido e se relacionando com todos, o que, obviamente, representa uma condição superior de leitura desses cenários internos.

Nem todos os aspectos, no entanto, podem ser vistos como vantagens em relação ao consultor externo. Se, por um lado, o consultor interno acarreta um custo inferior, por outro, talvez lhe falte mais experiência, já que ele não interage com outras empresas. Dessa forma, falta a esse profissional a atuação prática, que só é possível quando ele "mergulha" no mercado. É importante ressaltar que, como muitos autores já evidenciaram, o consultor interno encontra resistência por parte dos escalões superiores justamente por essa suposta falta de experiência.

Sendo assim, esse profissional talvez tenha dificuldades para apresentar diagnósticos e implementar projetos, e isso pode repercutir de alguma forma na estrutura organizacional e no trabalho de seus colegas, criando momentos constrangedores.

(3.5) O consultor externo: atuação, vantagens e desvantagens

Pode ser um profissional autônomo ou pertencer a uma empresa de consultoria. Sua relação com a empresa-cliente se dá por meio de contratos firmados, que determinam o(s) objeto(s) da consultoria, os prazos de execução e as responsabilidades das partes envolvidas (comentários e modelos de contratos serão alvo de estudo no Capítulo 6).

Uma vantagem importante em relação ao consultor externo é a aquisição de novos conhecimentos e práticas ocasionados pelo convívio e pela interação com outros consultores. Isso é, sem dúvida, um aspecto que compensa o custo desse tipo de serviço, que, normalmente, é mais elevado.

Além disso, as restrições em torno da contratação do consultor interno, bem como a menor aceitação do trabalho deste, deixam de existir em relação ao consultor externo. Os escalões superiores, que normalmente são os que efetuam a contratação do profissional externo, em função disso depositam expectativas e transferem muita credibilidade aos diagnósticos recebidos, até porque a experiência que um consultor ou uma empresa de consultoria externa carrega consigo é determinante para a criação dessa imagem positiva.

É relevante ressaltar que o consultor externo sente-se mais à vontade do que o interno em relação ao encaminhamento dos diagnósticos e às propostas de mudança. A aceitação da diretoria é melhor, e a relação menos informal com os colaboradores lhe dá essa tranquilidade para transmitir os diagnósticos e as propostas, além de lhe oferecer a necessária imparcialidade nos julgamentos e análises justamente porque esse profissional não se envolve cotidianamente com as questões da empresa. Isso, por outro lado, pode ser uma desvantagem, pois, ao mesmo tempo em que a distância do dia a dia da empresa lhe dá a possibilidade de imparcialidade para os julgamentos, fogem-lhe informações que só são acessíveis àqueles que pertencem à organização "informal" da empresa. Diante disso, podemos perceber que cada uma das vantagens atribuídas à atuação do consultor interno representa uma desvantagem para o consultor externo, sendo que o contrário também é válido.

Assim, a melhor alternativa dependerá sempre de uma avaliação do contexto organizacional, da cultura da empresa e da forma de agir de seus diretores executivos, além de depender também de uma análise acerca dos custos e da própria oferta das empresas de consultoria ou de consultores externos. Nesse contexto, também é importante verificar a possibilidade de aproveitamento de colaboradores internos, que atendam ao perfil necessário ao exercício da consultoria.

Atividades

1. Podemos classificar as consultorias quanto à sua amplitude de atuação. Nesse âmbito, encontramos a especializada e a geral. Um exemplo desse último segmento é a realização de serviços para:
   a. a ampliação ou a abertura de novas unidades.
   b. o desenvolvimento do planejamento de *marketing*.
   c. a análise do comércio exterior.
   d. a reavaliação geral do sistema de contas a pagar e a receber.
   e. a modificação total do *layout* do processo produtivo.

2. Qual é a principal vantagem ou justificativa para a contratação de uma CONSULTORIA ESTRUTURADA?

3. Assinale a alternativa que NÃO condiz com as características de atuação do consultor interno ou externo:
   a. O consultor interno possui um maior conhecimento do negócio, o que é fundamental para a intervenção ou implantação de mudanças organizacionais.
   b. Normalmente, o custo dos serviços de um consultor interno é menor do que quando a empresa utiliza recursos externos.
   c. O consultor interno possui a vantagem de conhecer os procedimentos, as rotinas, as regras, os regulamentos e até mesmo os aspectos relacionados à cultura organizacional da empresa.
   d. O consultor externo possui a vantagem de conviver e interagir com outros consultores, adquirindo novos conhecimentos e práticas.
   e. O consultor externo é influenciado pelas filosofias e políticas da organização, o que dificulta a neutralidade do exercício referente à análise das relações entre os departamentos.

(4)

Organizando uma empresa
de consultoria

Jeferson Luis Lima Cunha

Independente do tamanho da empresa e do ramo de atividade, ela precisa estar bem organizada para desempenhar corretamente a sua função. É por meio da organização que poderemos definir as responsabilidades de cada pessoa ou grupo de pessoas dentro da empresa, já que esse aspecto remete à aplicação da racionalidade dentro do ambiente empresarial, fazendo com que todos saibam que atividades devem ser desenvolvidas, bem como por que, como e por quem elas devem ser realizadas. Esse é um processo bastante importante, pois a eficácia da empresa e os resultados obtidos dependerão diretamente do correto dimensionamento dessas questões.

Com uma empresa de consultoria não é diferente. Ela deve, inclusive, possuir um modelo de organização que sirva de referência para outras companhias, já que estamos nos referindo a uma empresa que vende conhecimentos e oferece serviços para promover o crescimento e a organização de outras empresas.

Esse capítulo oferecerá algumas informações que podem servir de embasamento para futuros consultores organizacionais. Inicialmente, mediante a apresentação de conceitos de alguns autores experientes na área, poderemos entender com mais clareza como se constroem a missão e os valores da empresa. Essa **etapa do planejamento empresarial, referente à definição dos grandes objetivos e** metas, deve ser seguida pelo dimensionamento dos recursos necessários – tanto humanos como materiais –, assim como pela estruturação do sistema de operações e das regras de funcionamento, ou seja, a forma de operacionalizar aquilo que, de certa forma, ainda é um plano de intenções.

Dessa forma, encerraremos o capítulo com considerações a respeito do planejamento de MARKETING do consultor, que deve contemplar uma série de ações de posicionamento e comunicação com o mercado, como a construção de um portfólio.

(4.1) Missão e valores

Como qualquer tipo de empresa, a de consultoria deve ter consciência, de uma forma bastante simples, objetiva e clara, da razão da sua existência. Em outras palavras, ela precisa ter em mente qual é o seu negócio, qual(is) é (são) o(s) seu(s) produto(s) ou serviço(s), além de definir os seus clientes. Essas informações são fundamentais para a construção de todo o planejamento, que deve estar absolutamente claro para aqueles que irão dirigir o negócio.

Essa clareza de entendimento dos objetivos e da razão da existência da empresa pode ser obtida por meio de uma expressão, normalmente denominada de *missão*. Maximiano (2006, p. 52) conceitua esse termo como "o objetivo mais abrangente da empresa. Ela esclarece qual a utilidade da empresa para os clientes, ou seja, qual necessidade do mercado a empresa satisfaz".

Vale destacar aqui o que Jack e Suzi Welch (2005) comentam sobre as distorções promovidas por escolas de administração e até mesmo por muitas empresas, quando estas escrevem declarações de missão e discutem os seus valores, terminando "com um conjunto de banalidades genéricas que não significam nada e só servem para deixar os empregados desorientados e céticos" (2005, p. 11).

Dessa forma, para definir a missão, é preciso que o consultor consiga responder, objetivamente, qual é o escopo da empresa, ou seja, que produtos ou serviços são oferecidos e quem ou a que necessidades ele está atendendo, ou, então, que problemas ele está resolvendo.

De maneira ainda mais direta, Welch e Welch (2005, p. 12) complementam essa questão ao afirmar que uma declaração de missão eficaz responde à seguinte pergunta: "Como pretendemos vencer nesse negócio?". Se trouxermos isso para uma empresa de consultoria, o consultor seria obrigado a identificar os seus pontos fortes e fracos, com o intuito de avaliar de que forma e onde ele poderá atuar para lucrar em um cenário competitivo.

Outro ponto que merece destaque é a necessidade de a missão ser definida por quem tem poder de decisão, ou seja, pela direção da empresa. Ela não pode ser atribuída a ninguém, exceto às pessoas que sejam responsáveis pela sua realização. Além disso, a missão deve ser motivadora e inspiradora, por exemplo: ser a empresa de consultoria especializada em comércio exterior mais competitiva do estado. Assim, fica claro que a razão de existir dessa empresa é a oferta dos serviços de consultoria na área de comércio exterior e que seu grande objetivo é ser a número "um" no mercado de determinado estado ou região.

Enquanto a missão responde a questões envolvendo o motivo de existência do negócio, os valores de uma empresa são a expressão dos comportamentos esperados, orientações que os profissionais devem ter em mente no dia a dia quando forem realizar suas tarefas dentro da empresa. No entanto, ao contrário do que acontece com a missão, os valores da organização devem ser formulados pelo máximo possível de colaboradores. Em pequenas empresas, todos podem participar dos debates e das reuniões. Nas grandes organizações, mesmo sendo mais difícil, devem ser buscadas formas, em reuniões setoriais, para promover um grande número de discussões e debates em torno do assunto. Devemos ter em mente que estamos falando dos valores da organização, ou seja, dos comportamentos esperados, e que essa ampla participação e o envolvimento dos colaboradores resultarão em um maior comprometimento com os resultados planejados e gerados por todos.

Dessa forma, os valores devem descrever os comportamentos necessários para que a empresa alcance os seus objetivos, ou seja, consiga executar a sua missão com excelência. Para isso, esses valores devem ser tantos quanto necessários, elucidando para todos os colaboradores a atitude que se espera sob as mais variadas circunstâncias, envolvendo, por exemplo, a política de preços, de qualidade do serviço ou produto, de atendimento etc.

Alguns valores podem ser bastante genéricos e, ainda assim, servirem como orientação de comportamentos a serem seguidos, como, por exemplo, "devemos tratar os clientes da maneira como gostaríamos de ser tratados". Como podemos perceber, esse valor orienta todos a oferecerem o melhor tratamento possível aos clientes.

Ainda citando Welch e Welch (2005, p. 18), o ex-diretor executivo da General Eletric destaca que, "no cenário mais comum, a ruptura entre a missão e os valores da empresa decorre de pequenas crises no cotidiano do negócio". Por exemplo: digamos que quando um concorrente surge no mercado com preços abaixo dos praticados por determinada empresa, esta esquece da missão de competir com base na qualidade dos serviços e também reduz os seus preços de maneira excessiva, além das margens aceitáveis para manter a rentabilidade do negócio.

Nesse contexto, se houver uma correta definição da missão e dos valores da empresa de consultoria, consequentemente estarão sendo estabelecidas as condições primeiras para colocá-la no mercado com possibilidades de alcançar êxito. Os clientes irão enxergar a empresa como uma instituição que comunica com clareza os seus propósitos e a sua forma de atuação. Assim, a missão e os valores, de uma forma ampla, mas objetiva, já estarão antecipando o padrão de qualidade do produto ou do serviço da empresa, destacando também as suas vantagens competitivas em relação ao que é oferecido no mercado.

(4.2) Adquirindo recursos e estruturando o sistema de operações

Nesta etapa, será apresentada a estruturação da empresa de consultoria em relação aos seus processos ou sistemas de operações e aos recursos materiais e humanos. Como em qualquer outra organização, os recursos materiais são necessários para um desempenho eficaz de todas as atividades da empresa, que, por prestar serviços – sendo o seu produto principal intangível –, não precisa alocar espaço para estocagem ou processo produtivo. Dessa forma, a organização do ambiente deve levar em conta o número de consultores da empresa, providenciando o espaço necessário para que cada um possa executar o seu trabalho, como mesas, cadeiras, telefones e computadores. Além desses recursos, é fundamental uma ou mais salas, de acordo com o porte da organização, para o atendimento de clientes e a realização de reuniões. Diante disso, possuir recurso audiovisual em pelo menos uma dessas salas, como apoio a reuniões de trabalho, apresentação da empresa, videoconferências etc., é recomendável. Reservar um local apropriado para a montagem de uma pequena biblioteca, sendo que esse espaço não precisa ser propriamente uma sala, também é importante.

Recursos humanos

Com relação aos recursos humanos, a determinação do tipo de consultoria a ser oferecida é que irá determinar quantos e quais profissionais deverão fazer parte da empresa. Tanto uma consultoria geral como uma especializada precisam ter em mente que é fundamental compor o seu quadro de colaboradores com consultores experientes e capacitados. Esse é um aspecto frequentemente investigado e analisado pelas empresas contratantes, que procuram avaliar não apenas a empresa de consultoria em si, mas também as supostas informações precisas dos consultores.

Dentro desse âmbito, uma discussão cada vez mais presente no mercado de trabalho diz respeito à dificuldade que alguns profissionais sem experiência têm para conseguir oportunidades de atuação. Por recomendarmos que a empresa de consultoria reúna em sua equipe de colaboradores profissionais experientes, fica a impressão de que não há a preocupação em oportunizar espaço para os mais novos. Entretanto, uma situação não exclui a outra. Muito pelo contrário, é possível ver de uma forma bastante positiva o aproveitamento de novos profissionais não apenas nesse segmento, mas em qualquer outro, se eles forem inseridos de maneira inteligente, respeitando algumas etapas.

A experiência só é adquirida com a prática, motivo pelo qual consultores novatos, egressos recentes dos bancos acadêmicos, merecem uma oportunidade. No entanto, a forma como isso acontece demanda uma atenção especial. Normalmente, a capacitação e a experiência são adquiridas por meio do convívio com consultores mais experientes. Colocar, na equipe de consultores, ao lado de profissionais experientes um aprendiz, constitui um investimento interessante na formação de novos talentos.

Sistema de operações

O sistema de operações da empresa diz respeito aos procedimentos padrão que os profissionais devem seguir para o exercício de suas funções, o que não pode ser confundido com o tipo de consultoria apresentado no Capítulo 3, chamada de *estruturada*, onde já há um modelo com técnicas e metodologias elaboradas e organizadas, que servem de orientação e roteiro para o trabalho do consultor. Dessa forma, quando falamos em *sistema de operações*, estamos nos referindo aos procedimentos internos da empresa de consultoria, inclusive com relação a aspectos burocráticos, rotinas administrativas, documentos e contratos existentes. Esse trabalho não engloba, portanto, os procedimentos a serem adotados pela consultoria dentro da empresa-cliente.

O sistema de operações estabelece todas as rotinas internas mediante regras e regulamentos, normalmente formalizados por instruções e comunicações internas ou manuais. São questões simples, que evitam mal-entendidos e promovem ganhos em produtividade, já que não há perda de tempo com dúvidas e questionamentos. Quando há instruções estabelecidas previamente, dúvidas quanto à forma da remuneração, à elaboração dos contratos com novos clientes e quanto ao procedimento a ser seguido quando o serviço de consultoria para determinado cliente deve ser encerrado, deixam de existir.

Para ultimar essa análise, citamos a categorização de recursos apresentada por dois autores: Proença (1999) e Fernandes (2006). O primeiro classifica esses recursos em três tipos: os ATIVOS TANGÍVEIS, como prédios, e equipamentos que, **via de regra, pouco contribuem para a vantagem competitiva;** os ATIVOS INTANGÍVEIS, como marcas, cultura, patentes e experiências acumuladas, que trazem **maior contribuição à estratégia;** e a CAPACITAÇÃO ORGANIZACIONAL, representada pelas habilidades específicas que nascem de combinações complexas de ativos, pessoas e processos da organização. O segundo autor, citando Mills et al., acrescenta a essas três outras duas categorias, que consideramos igualmente pertinentes, o NETWORK – OU REDES DE RELACIONAMENTO –, que são grupos de interesse dentro da empresa, responsáveis por promover a interação entre pessoas da **organização e fornecedores, clientes e governo;** e os RECURSOS IMPORTANTES PARA MUDANÇAS, que se referem à capacidade de reconhecer quando recursos ultrapassados necessitam de mudanças ou precisam ser destruídos.

Recursos e sistemas bem dimensionados e alocados são muito importantes, pois muito contribuem no valor percebido pelo cliente, além de diferenciarem a empresa de seus concorrentes, ampliando as perspectivas de conquista de novos clientes e, consequentemente, de crescimento no mercado de trabalho.

(4.3) Planejamento de *marketing* do consultor

Para facilitar o entendimento e poder apresentar as etapas de um planejamento de *marketing* para empresas de consultoria ou consultores independentes, iniciamos com alguns conceitos fundamentais, incluindo o de *marketing*.

Kotler (2000), um dos principais – se não o principal – autores nessa área da administração, define *marketing* como "o processo de planejar e executar a concepção, a determinação de preço, a promoção e a distribuição de ideias, bens e serviços para criar negociações que satisfaçam metas individuais e organizacionais" (p. 30).

Nesse contexto, uma definição mais atualizada é apresentada por Ambrósio (2007) em uma de suas mais recentes obras, na qual se destaca o conceito construído pela *American Marketing Association* em 2007: "*Marketing* é uma função organizacional e um conjunto de processos para criar, comunicar, agregar valor e administrar o relacionamento com o cliente de tal modo que beneficie a organização e seus *stakeholders*".

Enquanto o primeiro conceito destaca a satisfação das metas individuais e organizacionais, o segundo frisa o relacionamento com o cliente e os benefícios aos *stakeholders*, que são todos aqueles envolvidos no processo, incluindo os acionistas e proprietários, os gerentes, os funcionários, os clientes, os fornecedores e os distribuidores.

Essas duas definições, uma adotada por um grande número de autores e instituições de ensino, e a outra, mais recente, defendida por uma importante associação que promove estudos de *marketing*, apesar de distantes no tempo, oferecem o mesmo entendimento. O que muda efetivamente é a terminologia utilizada, mas a preocupação em atender com excelência o cliente, bem como a todos os demais envolvidos no processo, permanece claramente evidenciada. Associando os conceitos abordados à área da consultoria, podemos entender que adotar estratégias de *marketing* significa desenvolver ações que possibilitem atender às expectativas dos clientes, bem como a de todos os outros componentes do processo, como os próprios consultores, as empresas parceiras e a comunidade em geral. Para atingir esse objetivo, é indicada a construção de um planejamento de *marketing*, que, por sua vez, exige o entendimento de outros conceitos fundamentados em Kotler (2000). Eles são apresentados a seguir:

1. **Mercados-alvo**: é representado pelos mercados que reúnem consumidores com perfis de preferências e exigências que se identificam com as características do produto ou do serviço ofertado.

2. **Segmentação**: trata-se da identificação de grupos homogêneos dentro de um universo heterogêneo. Em outras palavras, segmentação é a identificação dos grupos distintos de compradores que poderão preferir ou exigir produtos e compostos de *marketing* variáveis. Os segmentos de mercado podem ser identificados por meio da análise das diferenças geográficas, demográficas, psicográficas e comportamentais existentes entre compradores.

3. **Valor e satisfação**: o produto ou a oferta alcançará êxito se proporcionar valor e satisfação ao comprador-alvo. Este último escolhe o que, entre diferentes ofertas, parece proporcionar o maior valor.

> Dessa forma, podemos definir *valor* como a razão entre o que o cliente dá e o que ele recebe, ou seja, o cliente recebe benefícios e assume custos. Os benefícios englobam serventia prática e emocional. Já os custos incluem despesas monetária, de tempo, de energia e psicológica.
>
> 4. **Relacionamentos e redes**: o *marketing* de relacionamento estabelece sólidas ligações econômicas, técnicas e sociais entre as partes envolvidas ao longo do tempo. Ele reduz o dinheiro e o tempo investidos nas transações, chegando, em alguns casos, a transformar as que são negociadas de tempos em tempos em transações rotineiras. O resultado final do *marketing* de relacionamento é a construção de um patrimônio corporativo singular, denominado *rede de marketing*. Uma rede de *marketing* consiste na empresa e naqueles que a apoiam (clientes, funcionários, fornecedores, distribuidores, revendedores, agências de propaganda, entre outros).

O planejamento de marketing *passo a passo*

Esses conceitos básicos permitem que iniciemos um planejamento de *marketing*. Vale ressaltar que partimos do princípio de que a missão e os valores da empresa já foram definidos. Além disso, as competências singulares, ou seja, o que diferencia a empresa das demais organizações concorrentes, destacando-se aí a essência singular da companhia e os seus pontos fortes, também já devem estar definidas.

Para cada mercado-alvo escolhido, a empresa de consultoria irá desenvolver uma oferta específica, posicionando-a na mente dos compradores-alvo como possuidora de benefícios fundamentais.

Uma vez definidos o posicionamento competitivo e a estratégia central, a próxima tarefa é a implementação dessas questões mediante o esforço de *marketing*. Segundo Hooley, Saunders e Piercy (2005), os elementos básicos que permeiam a referida implementação são o composto de *marketing*, a organização e o controle, conforme descritos a seguir.

O COMPOSTO DE MARKETING, também conhecido como MIX de MARKETING ou 4Ps, representa o produto, o preço, a praça e a promoção. Os 4Ps são o meio pelo qual a empresa de consultoria transforma a sua declaração de intenção em ações voltadas para o mercado. Todos esses elementos do composto de *marketing* devem estar focados no posicionamento adotado e precisam estar alinhados com as grandes estratégias. Exemplo disso é uma empresa de consultoria que decide se posicionar como uma empresa *premium*, diferenciando-se da concorrência devido à excelência de seus serviços. Esses serviços, por sua vez, não poderão ser oferecidos a preços baixos, pois haverá uma desconexão entre os elementos. Em contrapartida, os serviços oferecidos devem ser de uma excelente qualidade, sendo que a comunicação terá de ser desenvolvida de maneira a transmitir essa qualidade. A praça, representando os aspectos físicos e os processos, também deve espelhar a qualidade dos serviços. Se, de alguma forma, esses elementos se contradisserem, certamente os clientes ficarão confusos em relação ao seu posicionamento.

Vale lembrar que as formas tradicionais de ORGANIZAÇÃO em *marketing*, segundo Hooley, Saunders e Piercy (2005), são a GESTÃO POR FUNÇÕES e a GESTÃO POR PRODUTO (marca). Na primeira, são reunidos especialistas nas várias atividades de *marketing* (prospecção de mercado, definição de produtos, análise da concorrência em relação a preços e a serviços etc.), que prestam contas a um coordenador da mesma área. Na gestão de produtos, a responsabilidade de *marketing* dos produtos recai sobre um único gerente. Mais recentemente, surgiu o papel do gerente de desenvolvimento e relacionamento com clientes, que trabalha intimamente com os clientes e aglutinaram algumas das antigas responsabilidades da gestão de marcas. Dessa forma, respeitando as leis da administração de empresas, durante a execução das ações de *marketing* devem existir mecanismos de CONTROLE e MONITORAÇÃO dos esforços e seus respectivos resultados. Como exemplo de indicadores que monitoram os resultados, temos o número total de clientes, o grau de fidelidade ou retenção, a satisfação dos clientes, o *market share*, o nível de insatisfação (reclamações) etc.

No caso de empresas de consultoria, além das definições já comentadas a respeito do posicionamento e do alinhamento do composto de *marketing* ou 4Ps, também deve ser adotado um formato de organização em *marketing* adequado ao tipo de consultoria que a empresa oferece, levando-se em conta a estratégia apresentada. No caso de pequenas empresas, normalmente há um único gerente responsável pelo *marketing*. Em grandes empresas de consultoria, é possível que haja gerentes por produtos (diferentes serviços de consultoria), mas todos devem ter o foco no atendimento ao cliente.

Além dos indicadores tratados neste tópico, outros tantos devem ser utilizados como forma de acompanhar os resultados das ações desenvolvidas. É importante lembrar que, para cada ação planejada, devem existir indicadores de acompanhamento. Se uma campanha publicitária está sendo desenvolvida para promover a empresa em determinado mercado, objetivos devem ter sido traçados e metas devem ter sido definidas. Além disso, a eficácia da campanha só poderá ser mensurada se indicadores forem utilizados e confrontados com os resultados efetivos.

Uma ação interessante e que tem se apresentado de maneira crescente no mercado é o E-MARKETING – ou MARKETING ELETRÔNICO. De acordo com Kotler (2000), os serviços *on-line* oferecem diversos benefícios aos profissionais de *marketing*, como ajustes rápidos às condições do mercado, custos mais baixos, construção de relacionamentos e cálculo do número de visitantes.

No próximo tópico deste capítulo, estudaremos alguns aspectos relacionados a uma importante ferramenta utilizada dentro do *e-marketing* atualmente, o portfólio digital, além de conhecermos mais sobre as redes de contato ou de relacionamento do consultor.

(4.4) Elaboração do portfólio digital

O PORTFÓLIO é um documento que lista os trabalhos de um profissional ou de uma empresa. Ele consiste na divulgação dos trabalhos que estão em andamento na empresa, estejam estes relacionados entre si de alguma forma ou não. Apesar disso, eles devem estar alinhados aos objetivos do negócio. Algumas organizações mantêm portfólios separados por departamentos, divisões ou unidades de negócio. Em última instância, deve haver um portfólio abrangente para a organização como um todo.

Foi-se o tempo em que o portfólio era um documento impresso, encadernado e de razoável volume. Hoje, as duas opções mais comuns são o portfólio *off--line* (CDs, por exemplo) e o portfólio *on-line* (digital). A grande vantagem dessa última opção – que tem levado alguns profissionais a migrarem por completo para ela –, é que se multiplicam os recursos e possibilidades de apresentação. Enquanto na versão antiga havia uma limitação de espaço, no portfólio digital **existe a possibilidade de se acrescentar filmes,** *jingles* e apresentações visualmente mais dinâmicos e interessantes.

Uma dica importante é salvar esses recursos em formatos acessíveis para as pessoas que irão vê-los. Apesar de, no portfólio digital, haver a possibilidade de se colocar uma grande quantidade de informações, é interessante destacar apenas os trabalhos mais importantes. Quando houver muitos trabalhos, a alternativa mais viável é disponibilizar os secundários por meio de *hiperlinks*, com o emprego da expressão *ver mais*, por exemplo.

Em um artigo publicado na internet, Calligaris (2005) cita alguns cuidados a serem tomados em relação à construção do portfólio digital:

1. Os textos dos trabalhos devem ser legíveis e estar em uma linguagem que possa ser entendida por qualquer tipo de pessoa;

2. É importante destacar a logomarca, os endereços para contato, os telefones e os *e-mails*.

3. Imagine as perguntas básicas que surgiriam caso você estivesse na empresa pessoalmente: seu nome, informações para contato, empresas em que realizou trabalhos anteriormente;

4. Existem duas alternativas para a divulgação do portfólio: envio por meio de um CD ou mediante *e-mail* com a divulgação do endereço do portfólio na *web*. Em qualquer uma das alternativas, é importante avisar por telefone ou de alguma outra forma a pessoa que irá receber o documento. Essa é uma maneira de chamar a atenção para o portfólio e também de reduzir o medo acerca dos perigos do mundo digital, até porque a maioria das pessoas, justificadamente, não abre o CD ou o *e-mail* de um desconhecido.

É claro que, se a empresa gostar dos trabalhos realizados, irá convocar uma reunião pessoal, portanto, o portfólio digital deve ser uma absoluta expressão da verdade, evitando, assim, constrangimentos futuros.

Redes de relacionamento

Além de toda a organização de atividades em torno do planejamento de *marketing* e da construção de ferramentas, como o portfólio digital, é preciso destacar que, antes de tudo, a qualidade e a eficácia do trabalho do consultor, que, ao longo do tempo, constrói a sua a imagem e reputação no mercado, certamente é o seu principal instrumento de *marketing*.

Durante a sua carreira, o consultor cria uma rede de relacionamentos que passa a ser fonte de referência para novos clientes. Como em qualquer outro ramo, segmento ou negócio, a melhor forma de angariar novos clientes, tanto em função do custo como da própria credibilidade, é por intermédio da INDICAÇÃO. Trata-se de um princípio do *marketing* que constitui um boca a boca, no qual o cliente passa a ser o principal vendedor dos serviços ou produtos da empresa, de maneira espontânea e involuntária.

Obviamente que o risco de um suposto efeito negativo existe, e tem relação direta com a qualidade do serviço ou do produto vendido. Se o trabalho de consultoria ficou aquém do esperado, gerando uma ideia negativa do consultor ou da empresa de consultoria, a impressão do cliente será negativa. Apesar disso, a transmissão de ideias e conceitos por parte dos clientes a respeito do serviço do consultor, como em relação a qualquer profissional, é inevitável. Estaremos sempre sujeitos ao julgamento de terceiros, o que faz com que a nossa responsabilidade sobre o serviço ofertado esteja diretamente ligada ao nosso futuro profissional.

Uma outra forma de divulgação com que o profissional consultor conta e que gera resultados muito interessantes é a participação deste em atividades que podem até não ser remuneradas, mas que representam um papel de "vitrine" para o consultor, como a atuação em palestras, congressos ou seminários. Normalmente, muitos clientes em potencial estão presentes nesses encontros, o que rende ótimas oportunidades de negócios.

A atuação de consultores em salas de aula de universidades também é um fato cada vez mais frequente, pois, além de estes serem ambientes que favorecem e facilitam a necessária atualização do profissional, também se constituem como um meio de ampliação da rede de contatos desse profissional.

Existem ainda outras ações possíveis de serem desenvolvidas pelo consultor, como, por exemplo, a redação de artigos em periódicos especializados. Textos bem desenvolvidos sobre temas atuais e de interesse da comunidade empresarial, especialmente aqueles relacionados com o serviço de consultoria, são uma excelente forma de divulgação, mesmo que indireta, dos serviços de consultoria de determinado profissional, além de indicarem o conhecimento e a qualificação que ele possui, sendo que não há custo.

Nesse contexto, as dicas de *marketing* propostas por Connor e Davidson (1993), mesmo tendo sido publicadas na década passada, se fazem válidas:

1. Classifique seus clientes e capitalize as áreas de oportunidades;

2. Mexa com a imprensa, faça publicidade sempre que possível, dê palestras e participe de evento;

3. Seja membro de associações e de entidades de classe, visando à promoção pessoal;

4. Construa folhetos, mala direta e cartões de visita eficientes;

5. Construa uma imagem pessoal positiva e agradável, vestindo-se adequadamente e tendo uma postura e um discurso coerentes.

Naturalmente, considerando a evolução da informática nos últimos anos, bem como dos recursos que, a cada momento, se renovam e são colocados à nossa disposição, é uma obrigação do profissional de consultoria estar atento a essas transformações e buscar adequar e atualizar as suas estratégias a cada momento, pois, inevitavelmente, a comunicação entre o real e o virtual, proporcionada pela rede mundial de computadores, estará cada vez mais presente em todas as situações de nossas vidas.

Atividades

1. O consultor organizacional, quando o assunto é o desenvolvimento de um plano de *marketing* pessoal, pode incluir ações de *e-marketing* ou *marketing* eletrônico, obtendo, com isso, vários benefícios. Assinale a situação que NÃO representa um benefício no caso do *e-marketing*:
   a. Ajustes rápidos às condições de mercado.
   b. A criação ou ampliação de redes de relacionamento.
   c. A redução nos custos de comunicação.
   d. A redução no valor dos serviços prestados.
   e. O acompanhamento do número de visitantes.

2. Para definir a missão de uma empresa, é preciso que o consultor consiga responder, objetivamente, a perguntas como:
   a. Qual é o valor do capital próprio e de terceiros?
   b. Qual é a nossa participação nos mercados interno e externo?
   c. Qual é o nosso escopo e a que necessidades estamos atendendo?
   d. O que caracteriza a evolução das vendas e da rentabilidade nos últimos anos?
   e. Qual é a nossa posição no mercado e quem são os nossos concorrentes?

3. A missão de uma organização deve ser motivadora e inspiradora, esclarecendo o que é o negócio e para que ele existe. Dessa forma, a MISSÃO **deve ser definida:**
   a. com a participação da maior parte dos colaboradores da empresa.
   b. pelos níveis gerenciais e de controle.
   c. por quem tem poder de decisão, ou seja, pela direção da empresa.
   d. por um consultor de empresas especialista em gestão de pessoas.
   e. **pela área financeira, estabelecendo resultados desafiadores.**

(5)

Situando a consultoria
nas organizações

Iniciaremos este capítulo com algumas reflexões sobre o processo de mudança dentro das organizações. Como dizem Welch e Welch (2005, p. 123), "até as montanhas se movimentam", e, dentro desse ambiente de permanentes mudanças, iremos clarificar o entendimento de como as empresas podem se estruturar e se fortalecer para enfrentar cenários por vezes nebulosos e cheios de incertezas.

Além desse cenário, que é uma realidade definitiva, dedicaremos um tópico para discorrer sobre as principais doenças que acometem as empresas, levando--as a situações de difícil gerenciamento. Diante dessas situações, elas, normalmente, recorrem aos serviços de uma consultoria.

Esses e alguns outros fatores são indicadores da necessidade de se optar por um consultor independente ou por uma empresa de consultoria. Conseguir visualizar as dificuldades antes de elas chegarem a um ponto em que a probabilidade de reversão do quadro seja quase zero é, obviamente, uma responsabilidade exclusiva dos executivos da empresa.

Dessa forma, o capítulo se encerra com considerações em torno de alguns aspectos que envolvem o processo de seleção e contratação de um consultor ou de uma empresa de consultoria.

(5.1) O processo de mudança nas organizações

Toda organização, de qualquer segmento, porte ou ramo de atividade, está sujeita a enfrentar mudanças cada vez mais velozes. Há algumas décadas, executivos de organizações podiam planejar os seus negócios com margens de certeza ou de segurança razoáveis. Mudanças aconteciam, mas em um ritmo bem menor, o que possibilitava a adequação da empresa a novas situações de uma forma bem pensada e planejada. No entanto, o tempo foi passando e, com ele, a velocidade das mudanças foi aumentando, especialmente nas áreas da ciência e da tecnologia.

Quando se fala em *empresas*, é necessário abordar o conceito de MUDANÇA ORGANIZACIONAL. Trata-se de uma alteração que ocorre no ambiente empresarial, seja em função da alteração da estrutura hierárquica da organização, seja em função de seus procedimentos ou regras, da tecnologia existente ou das próprias pessoas que a compõe (Robbins; Decenzo, 2004). Essas mudanças, por sua vez, podem ter origem em forças externas ou internas.

As forças externas, que provocam uma necessidade de readaptação ou alteração da situação atual da organização, podem ser geradas pela chegada de novos concorrentes no mercado. Outro exemplo de forças externas são as leis e regulamentações governamentais, que podem influenciar as questões comerciais, financeiras e mesmo operacionais. Dentro desse contexto, a tecnologia é, nesse início de século, um elemento transformador e de reflexos intensos e crescentes em todas as áreas da empresa. Com a revolução da informática e o advento da internet no final do século XX, as possibilidades ilimitadas de acesso e gerenciamento de informações e de desenvolvimento de novos sistemas envolvendo a eletrônica e a robótica criaram um mundo chamado de *virtual*, mas que é absolutamente real e causador das maiores mudanças na atualidade. Por fim, as mudanças na economia dos estados e países do mundo todo também resultaram na necessidade de tomadas de decisões e mudanças nas organizações. Um exemplo disso foi a crise iniciada em 2008 no mercado imobiliário dos Estados Unidos, que atingiu em cheio o sistema financeiro americano e o europeu e provocou uma retração generalizada nas linhas de crédito que financiam importações e exportações no comércio internacional, gerando consequências desastrosas no mundo inteiro. Dessa maneira, demissões generalizadas em grandes multinacionais acabam influenciando fortemente as economias regionais onde as fábricas dessas empresas estão instaladas, provocando um processo recessivo de difícil enfrentamento.

Além desses aspectos, as mudanças também podem ter origem em forças internas. Quando uma empresa decide modificar suas estratégias e buscar um posicionamento mais agressivo no mercado, certamente ela precisa promover mudanças dentro de sua estrutura organizacional. Assim, a aquisição de novas tecnologias implica novos processos dentro da empresa, o que também gera mudanças. Além disso, os próprios colaboradores da organização, em algum momento e por diversos motivos, dada a dinamicidade existente nas relações humanas, podem conduzir a empresa a uma reestruturação de cargos e rever seus sistemas de benefícios, sua remuneração ou mesmo situações relativas à segurança no trabalho.

Megginson, Mosley e Pietri Junior (1998) reforçam esses conceitos ao averiguar a origem das mudanças nas forças externas e internas, salientando que, "embora seja difícil generalizar, parece que as forças externas têm um impacto maior na mudança organizacional do que os estímulos internos, pois a administração tem pouco controle sobre eles e são muito numerosos" (p. 433). Eles alertam ainda sobre o fato de as forças internas e externas não estarem isoladas.

Além disso, existe um inter-relacionamento que quase sempre resulta em mudanças de valores e atitudes que afetam as pessoas nos sistemas. Diante desse cenário, é importante a empresa ter a necessária flexibilidade para mover-se a cada nova situação que se apresentar. Por outro lado, empresas que resistem a mudanças – o que, vale ressaltar, faz parte da natureza humana –, permanecem estagnadas, sendo incapazes de lidar com o novo ambiente. Isso, por sua vez, as leva invariavelmente ao declínio e ao fracasso.

As empresas que insistem em preservar o que sempre "deu certo", supervalorizando o passado, estão "tapando os olhos" para o futuro. Lógico, é importante preservar o que se aprendeu com as conquistas e os empreendimentos bem sucedidos no passado, mas, certamente, o jogo e as regras já não são mais os mesmos, e os adversários estão melhores. O caminho, então, é estar pronto para "mexer no time" a qualquer momento.

Basicamente, existem duas formas de se lidar com a mudança: a forma REATIVA e a MUDANÇA PLANEJADA. A primeira delas, também conhecida como *processo reativo à mudança*, ocorre quando os gestores decidem o curso das ações a partir do momento em que problemas ou novas situações se apresentam. Quando se constata uma dificuldade no trabalho de uma equipe de vendedores, por exemplo, estuda-se a possibilidade de implantar um programa de treinamento. Ou, então, se uma nova lei envolvendo oportunidades para portadores de necessidades especiais é criada, os gestores devem se reunir para verificar como atender às novas exigências. Dessa maneira, podemos perceber que as mudanças são reativas às situações que vão surgindo no dia a dia.

A segunda forma é o processo de mudança planejada, em que os gestores realizam o planejamento da empresa e o revisam periodicamente, redefinindo suas metas e objetivos quando necessário e realinhando as ações dentro do novo contexto, sempre trabalhando com uma perspectiva de futuro, que inclui projeções de cenários e a elaboração de planos a curto, médio e longo prazo. É óbvio que, mesmo assim, algum detalhe poderá escapar do previsto, o que leva a mudanças reativas e de ajustes em situações específicas.

Esse segundo modelo é o mais indicado, pois exige da organização um permanente olhar para as questões presentes e vindouras, na busca por estabelecer diagnósticos situacionais periódicos dos departamentos e do próprio negócio.

(5.2) As doenças organizacionais

Quando determinado sistema não funciona corretamente, isso significa que existe um desequilíbrio ou uma falta de coordenação em uma ou mais partes que o compõem. Podemos dizer, diante desse quadro, que o sistema ou o organismo encontra-se DOENTE, pois existe algum tipo de disfunção que impede o seu perfeito funcionamento. Assim, as doenças organizacionais representam essas disfunções dentro do ambiente da empresa, que podem estar ocorrendo em áreas específicas ou em toda a organização.

Por mais que a "doença" esteja presente em um setor específico, como este faz parte de um sistema ou organismo maior, certamente o não combate à doença fará, cedo ou tarde, com que outras áreas também sejam prejudicadas. Dessa forma, as disfunções organizacionais demonstram que a empresa necessita de auxílio. Nessas situações, ocorre a busca pelos serviços de um consultor.

Um dos mais frequentes e graves tipos de doença organizacional ocorre na área de pessoas. Conforme Fuoco (2009), "o ambiente de trabalho adoece quando os objetivos e interesses da empresa e do colaborador divergem". A autora menciona ainda que o ambiente de trabalho é também a representação dos desejos, sonhos e expectativas dos colaboradores e que, quando esse ambiente coloca de lado a possibilidade de desenvolvimento pessoal e inter-pessoal, inicia-se o processo de adoecimento.

Esse sentimento, por sua vez, incorpora-se à estrutura e se manifesta negativamente nos relacionamentos formais e informais, prejudicando o cumprimento de normas, a comunicação e até o processo de tomada de decisão. Essas consequências indesejadas acabam, então, influenciando o próprio clima da organização.

De acordo com Chiavenato (2004, p. 504), "o clima organizacional reflete como as pessoas interagem umas com as outras e o grau de satisfação com o contexto que as cerca, podendo ser agradável, receptivo, caloroso e envolvente, como desagradável, agressivo, frio e alienante". Dessa forma, o desafio do gestor de pessoas na empresa é criar um clima favorável, evitando, assim, os problemas de relacionamento que acabam gerando as doenças organizacionais. Para Kanaane (1999, p. 40), "quando se consegue criar um clima organizacional que propicie a satisfação de seus participantes e que canalize seus comportamentos motivados para a realização dos objetivos da organização, tem-se um clima propício ao aumento da eficácia da mesma".

Podemos perceber que, da mesma forma que o descuido no gerenciamento das relações humanas pode provocar situações de conflitos e desgastes na empresa, um bom gerenciamento, com uma boa comunicação e políticas éticas e de valorização das pessoas, gera condições para a criação de equipes de alto desempenho e a eliminação de sintomas de doenças organizacionais.

Apesar de muitas das doenças organizacionais terem origem nas relações humanas, ou pelo menos possuírem alguma ligação com o fator humano, elas não se limitam apenas a essa área. Uma organização também pode apresentar doenças de ordem financeira, tecnológica, mercadológica e até de gestão, conforme é listado a seguir.

Doenças financeiras

a. Desencaixe com entradas inferiores aos desembolsos. Significa que a empresa não planejou corretamente seu o fluxo de caixa. Esse desencaixe pode ser resultado de uma má gestão das contas a pagar e a receber, mas pode também ter outras origens, como novos investimentos acima da capacidade financeira da empresa.
b. Falta de capital de giro. Pode ter relação com a situação anterior. Geralmente, investimentos projetados equivocadamente ou uma receita futura superestimada são as causas prováveis.
c. Uso excessivo de capital de terceiros. Para viabilizar determinado projeto, capta-se capital de terceiros, assumindo compromissos financeiros com custos elevados. Esses, por sua vez, quando não previstos ou calculados erroneamente, podem comprometer o resultado do investimento.

d. Baixa lucratividade. Entre muitas outras possibilidades, um erro no cálculo dos preços e dos custos dos produtos vendidos pode levar a essa condição. Vale ressaltar que a situação anterior também pode ser a origem desse problema.

Doenças tecnológicas

a. Sistema de informações gerenciais ineficiente. Trabalhar com informações desatualizadas ou incorretas provoca inúmeras dificuldades para qualquer processo de gestão.
b. Equipamentos obsoletos. Com o avanço da tecnologia, ter equipamentos que perderam a capacidade de responder com eficácia às exigências do mercado é um ônus enorme para a empresa.
c. Dificuldades nos processos logísticos. Isso, normalmente, tem implicações nos prazos, tanto de recebimento quanto de entrega de mercadorias ou matéria-prima, gerando dificuldades na relação com os clientes internos e externos.

Doenças mercadológicas

a. Baixo índice de retenção de clientes. Se as pessoas compram uma vez só, é crucial que se investigue as causas disso, seja por meio de análises internas, seja mediante uma aproximação que permita ouvir os clientes.
b. Baixo retorno nas campanhas promocionais e publicitárias. Nesse caso, também é possível que haja uma falha de planejamento, com erros na escolha dos canais de comunicação, dos tipos de mídia, da linguagem utilizada etc.
c. Preços fora do valor de mercado. Na formulação dos valores, devem ser considerados o custo investido e a margem que representa o retorno esperado de determinado investimento. Mas, acima de tudo, os preços devem ser coerentes com o valor que o mercado ou os clientes estão dispostos a pagar.
d. Declínio na participação de mercado (*market share*). O surgimento de concorrentes no mercado, com novos produtos e maiores vantagens, pode ser a causa dessa dificuldade.
e. A inexistência de um posicionamento competitivo. **Diz respeito à dificuldade de se encontrar o posicionamento certo para a linha de produtos ou serviços. Além disso, refere-se a casos em que a concorrência possui diferenciais competitivos superiores ao da empresa em questão.**

Doenças de gestão

a. INEXISTÊNCIA DE PLANEJAMENTO ESTRATÉGICO. É a causa primeira de muitas outras doenças organizacionais.
b. FALTA DE CLAREZA QUANTO A OBJETIVOS E METAS DA EMPRESA. Essas definições são básicas, e a direção da empresa precisa não apenas estabelecer convictamente os seus objetivos e metas, como também comunicá-los a todos os colaboradores de maneira eficaz.
c. DIFICULDADE NO RELACIONAMENTO ENTRE SÓCIOS-DIRETORES. Essa é uma situação de difícil solução. Com frequência, há rupturas ou cisão na empresa. No entanto, isso pode ser solucionado, mas exige um intenso e competente trabalho de consultoria com a diretoria.
d. NORMAS E PROCEDIMENTOS NÃO CLAROS. Quando as regras não são bem elaboradas, a possibilidade de equívocos no desenvolvimento dos processos e das rotinas é grande. Atritos entre os funcionários em busca de "culpados" também acaba sendo uma consequência desse problema.
e. ALTOS ÍNDICES DE *TURNOVER*. A alta rotatividade é uma doença que tem como causa a insatisfação dos colaboradores. Nesse contexto, o maior motivo de desligamentos nas empresas envolve problemas de relacionamento com as chefias imediatas.
f. EXCESSIVOS PROCESSOS BUROCRÁTICO. Criar normas e formalizar procedimentos é importante para evitar desentendimentos e erros de interpretação, mas o excesso de burocracia engessa a organização, podando aspectos como a criatividade e a inovação.

Poderíamos seguir apresentando e comentando um rol ainda maior de doenças organizacionais, mas não é o objetivo deste livro abordar profundamente essa linha de investigação. O que pretendemos por meio desses breves exemplos é destacar alguns diagnósticos que exigirão do consultor a capacidade de identificar os sintomas e as causas das doenças presentes na organização. Tudo isso para que ele consiga determinar a forma de combater essas disfunções.

(5.3) O momento correto de se buscar um consultor

Existem várias situações em que determinada empresa pode necessitar de um consultor ou de uma empresa de consultoria. Obviamente que, quando a empresa não consegue resolver determinada situação problemática, essa busca é mais comum. Dentro desse contexto, os problemas da organização podem resultar de dificuldades relativas aos processos existentes, de expectativas ou de projeções futuras.

No caso de complicações nos processos existentes, podemos recorrer aos exemplos citados no tópico anterior, que descrevem algumas das possíveis doenças organizacionais, pois mostram situações em que o gestor tem a percepção dos sintomas, mas não consegue identificar com clareza as causas. Muitas vezes, pelo fato de estar envolvido com inúmeras questões cotidianas inerentes à função de comando de uma empresa, o gestor tem dificuldade para analisar e interpretar com a exatidão e o esmero necessários as especificidades do problema existente. Nesse caso, um consultor poderá, com sua visão crítica, imparcial e estruturada, buscar uma solução condizente e satisfatória para a empresa.

Outra possibilidade refere-se à contratação do consultor para auxiliar em determinado processo que vislumbre uma posição futura. Também nesse caso, alguns dos exemplos citados anteriormente podem ser úteis, especialmente os dois primeiros mencionados na categoria DOENÇAS DE GESTÃO. É importante destacar que a falta de objetivos e metas, bem como a ausência de planejamento estratégico, indicam que a empresa não possui capacidade de elaborar projeções futuras. Esses fatores apontam também que, provavelmente, há uma falta de profissionais com capacidade para desenvolver esse planejamento, pelo menos não sem o auxílio de uma consultoria. Dessa forma, é possível que existam problemas de ordem estrutural e de funções na empresa, que impedem que as pessoas que poderiam desenvolver as projeções tenham disponibilidade para fazê-lo.

Além dessas situações, que ficam bem representadas nos exemplos anteriores e que podem ser cumulativas, outras ainda podem levar à busca por uma empresa ou por um consultor independente. São questões bem mais específicas, como oportunidades de fusão ou, em outro extremo, a necessidade de cisão da organização. Ambos os casos são bastante complexos e, certamente, recorrer aos serviços de consultorias especializadas é uma atitude correta e prudente.

Outra hipótese que envolve a busca por um consultor refere-se ao momento em que determinada organização está prestes a enfrentar o processo sucessório. Empresas familiares, em especial, quando se deparam com esse momento, nem sempre conseguem chegar a uma boa solução apenas por meio de discussões entre seus membros, sem a interferência de terceiros. Isso porque questões de ordem emocional se misturam à negociação, sendo que, nessas horas, a necessária frieza e imparcialidade de um consultor seria a melhor forma de resolver o impasse.

Além disso, assumir fraquezas ou incompetências gerenciais nessas situações é algo desagradável para qualquer pessoa, e em relação às empresas, isso ocorre da mesma forma. No entanto, aceitar essas debilidades ou incapacidades e buscar um auxílio competente é a única maneira de garantir a sobrevivência e, posteriormente, o crescimento de uma organização no mercado.

(5.4) A escolha do consultor ou da empresa de consultoria

Essa é uma etapa importante dentro do processo de recuperação da empresa ou da alavancagem do negócio. Digamos que foi constatada a necessidade de se buscar um auxílio e decide-se, então, contratar uma empresa de consultoria. A primeira pergunta é: Que empresa é suficientemente competente para ajudar a resolver determinada questão? Dessa forma, a empresa contratante inicia um processo de seleção que pode se assemelhar à de um executivo. O perfil é traçado e, naturalmente, um amplo conhecimento sobre a área alvo do problema é o requisito para as consultorias "candidatas". Então, surge a seguinte pergunta: Como medir ou avaliar o conhecimento das empresas de consultoria disponíveis no mercado?

Assim como na seleção de profissionais, devemos buscar informações e referências sobre as empresas, como: as suas especialidades, o tempo de atuação no mercado, quantos e quais são os principais clientes, quais seriam os consultores que a empresa designaria para atuar na organização contratante, qual é o tempo de atuação desses consultores, qual a é experiência desses consultores na especialidade em questão e qual a disponibilidade de tempo para viagens.

É claro que, além desses dados preliminares, mas fundamentais, outros aspectos também devem ser considerados. Nos primeiros contatos e entrevistas, os representantes da empresa contratante devem atentar para a performance dos consultores, avaliando a segurança, a oratória e a postura deles. Saber expressar-se corretamente é um requisito primordial para um consultor, pois, com frequência, ele estará interagindo com a alta direção da empresa para apresentar sugestões. Por isso, a oratória deve ser a maior clara possível. Além disso, frequentemente esse profissional estará em contato com gerentes e colaboradores de outros níveis, e o diálogo precisa ser igualmente claro e preciso.

Por fim, o preço cobrado pela empresa de consultoria deve ser justo, compatível com o mercado e, principalmente, representar possibilidades para que a empresa contratante possa implementar os projetos de melhoria ou solução de problemas, mantendo e ampliando a sua vantagem competitiva. Uma seção será desenvolvida no próximo capítulo para tratar especificamente dessa questão da remuneração.

Atividades

1. Existem duas formas de lidarmos com a mudança: a forma reativa e a mudança planejada. Assinale (escolha múltipla) a(s) alternativa(s) que representa(m) situações de um processo reativo à mudança:
   a. Programa de treinamento em função de dificuldades na equipe de vendedores.
   b. Estudo e construção de projeções de cenários a curto e médio prazo.
   c. Análise das tendências e perspectivas econômicas no mercado internacional.
   d. Investigação das debilidades existentes na concorrência para um posicionamento de ataque no mercado.
   e. Contratação de um especialista para implantar novos processos de segurança em função de nova legislação.

2. Podem ser caracterizadas como *doenças organizacionais* de ordem mercadológica (escolha múltipla):
   a. A falta de clareza quanto aos objetivos e metas da empresa.
   b. O baixo retorno nas campanhas promocionais e publicitárias.
   c. Um sistema de informações gerenciais ineficiente.
   d. Preços fora do valor de mercado.
   e. A ausência de um posicionamento competitivo.

3. Podemos afirmar que, quando empresas familiares estão prestes a enfrentar um processo sucessório, é recomendável a contratação de um consultor ou de uma empresa de consultoria, pois:
   a. nessas horas, é importante assumir as fraquezas e incompetências gerenciais desse tipo de empresa.
   b. é possível que problemas de ordem estrutural e de funções existam, impedindo que as pessoas que poderiam desenvolver o planejamento tenham disponibilidade para fazê-lo.
   c. as questões de ordem emocional se misturam na negociação e, nessas horas, a necessária frieza e imparcialidade de um consultor é a melhor forma de resolver o impasse.
   d. é característica dessas organizações a falta de objetivos e metas, bem como a ausência de planejamento estratégico.
   e. normalmente, o proprietário tem dificuldade para analisar e interpretar com a exatidão e o esmero necessários as especificidades do problema existente.

(6)

Contratando um consultor ou uma empresa de consultoria

Após termos estudado as diferentes situações em que as empresas podem necessitar de uma consultoria e verificado os aspectos que devem ser considerados durante a escolha desta, trataremos do passo seguinte: a interação entre as duas partes. Trata-se da etapa de contratação da empresa de consultoria, pois, para que tenhamos um relacionamento sólido e bem fundamentado, a correta elaboração de um contrato é muito importante, visto que nele são estabelecidas condições que delimitam as responsabilidades de cada lado.

Diante dessa perspectiva, para que possamos construir esse contrato, um processo de negociação para a discussão das cláusulas deve ocorrer anteriormente. Dessa forma, o desenrolar desse processo será o nosso ponto de partida, sendo que poderemos conhecer as diferentes posturas no momento da negociação, a forma de se preparar para ela e as consequências ou os resultados possíveis, que dependem justamente de atitudes que ocorrem antes da negociação e durante ela.

Essa etapa também exige o estabelecimento do plano de trabalho, que envolve a definição das pessoas que estarão envolvidas no processo de consultoria, os prazos que deverão ser respeitados – com eventuais margens de tolerância –, os valores e as formas de remuneração pelos serviços prestados e, por fim, as sanções pelo não cumprimento daquilo que estiver no acordo.

Um tópico importante diz respeito à remuneração do trabalho de consultoria, que, como já foi dito no capítulo anterior, deve ser justo e compatível com o mercado, além de oferecer a possibilidade de a empresa contratante ampliar a sua vantagem competitiva. Para maiores informações acerca dos valores praticados atualmente no mercado de consultoria, sugerimos a consulta a uma pesquisa[a] recente aplicada pelo Instituto Brasileiro de Consultores de Organização (IBCO), que foi realizada em agosto de 2008.

Finalizaremos o capítulo com comentários em torno das principais cláusulas que devem fazer parte de um contrato. Além disso, apresentaremos alguns modelos, salientando que não há um tipo mais recomendado, já que deve haver uma adaptação em relação a cada tipo de negociação e de consultoria a ser realizada.

(6.1) O processo de negociação dos serviços de consultoria

NEGOCIAÇÃO significa o ato ou o efeito de negociar, de buscar entendimento através da conversação ou discussão em torno de determinado assunto ou questão (Silveira Bueno, 1996). Cada vez mais, a expressão *ganha-ganha* adquire espaço no meio empresarial quando nos referimos ao processo de negociação. Trata-se de um termo que significa chegar ao final da negociação atendendo ao máximo possível de interesses de ambas as partes envolvidas. Toda negociação deve ter esse objetivo principal, pois, se isso acontecer de maneira diferente, a relação estabelecida entre as duas partes dificilmente se repetirá em outra ocasião. Isso porque o sentimento de "derrota" de um dos envolvidos, ou até dos dois, será um motivo para o afastamento ou para o desinteresse em continuar firmando um contrato.

Para que um resultado positivo seja alcançado, alguns procedimentos que antecedem a negociação são recomendáveis. Primeiramente, é interessante que

---

a. Para ver a pesquisa na íntegra, acesse: <http://www.ibco.org.br/userfiles/file/Pesquisa_2008_completa.pdf>.

o consultor saiba com quem irá negociar, pois isso permite que a condução da conversa seja mais fácil, além de permitir que o interlocutor se sinta mais seguro. Sendo assim, o consultor deve procurar buscar o máximo de informações possíveis sobre o potencial cliente. Estar dotado de conhecimento já no primeiro contato é muito importante, pois, nesses tipos de negociação, a impressão inicial é bastante impactante e decisiva para a continuidade de todo o processo.

Vale reiterar aqui o que foi estudado no Capítulo 4, que tratou do planejamento de *marketing* do consultor, especialmente em relação ao portfólio deste. Como foi dito anteriormente, esse profissional deve ser absolutamente verdadeiro, pois informações inverídicas no momento do contato pessoal poderão ser percebidas, comprometendo e provavelmente inviabilizando a negociação. Dentro desse contexto, é importante lembrar que a primeira impressão começa a ser formada durante a análise do portfólio, já que as referências de trabalhos anteriores é um fator que pode ajudar. Para tanto, reforçamos que não é necessário mencionar todos os trabalhos realizados anteriormente, mas apenas os mais relevantes. Nesses casos, há a preocupação com os consultores sem experiência. Sobre isso, Mocsányi (2003, p. 181) afirma que

> o que você pode, eventualmente, fazer no início de sua trajetória como consultor é concordar que seus primeiros trabalhos tenham uma remuneração muito baixa, ou mesmo nenhuma [...] isto é chamado de "comprar" ou "bancar" um primeiro trabalho, isto é, realizá-lo sem a preocupação com os honorários.

Ainda conforme Mocsányi (2003), é interessante refletir sobre algumas orientações ou dicas de perguntas a serem feitas pelo consultor em prol de um melhor entendimento no primeiro contato com o cliente. Dessa forma, comece perguntando sobre o que o cliente quer obter após o final do trabalho, de forma que você possa averiguar qual é o nível de expectativa do cliente e quais são as suas necessidades e desejos. Pergunte "para quê?" quantas vezes forem necessárias, até alcançar uma resposta pragmática do cliente, que permita o claro entendimento dos objetivos. Na sequência o questione sobre qual indicador crítico deve ser impactado, pois você, posteriormente, apresentará para o consultor os indicadores que são vitais para a empresa, como a rentabilidade, a participação de mercado etc.

O mesmo autor ainda afirma que, inicialmente, o consultor deve manter-se o máximo possível calado, pois o cliente apresentará com uma elevada carga de ansiedade e, quanto mais ele falar, mais o consultor poderá se familiarizar com a situação.

Uma palavra fundamental em todo e qualquer processo de negociação, que vem ao encontro do desejável ganha-ganha, é *empatia*. Essa palavra significa conseguir enxergar determinada situação por meio dos olhos do outro, conseguir se colocar no lugar do outro. No processo de negociação, ser empático é imaginar e perceber que interesses e objetivos estão na mente do interlocutor. Exercitar a empatia é uma obrigação de qualquer pessoa que considere a negociação um meio de garantia e alavancagem de seus negócios. No caso do consultor, a recomendação anterior de buscar informações e conhecimento sobre a empresa-cliente com quem ele estabelecerá a negociação é o início desse exercício de empatia.

Independente da forma com que o consultor procura desenvolver essa característica, é certo afirmar que nada é mais eficaz do que aprender com as próprias experiências. Bastos (1999, p. 37) interpreta a relação entre as partes no momento da negociação, alertando para possíveis atitudes do interlocutor da empresa-cliente quando o consultor é inexperiente:

> 1. *Como forma de intimidação, pode deixar o consultor "mofar" na sala de espera;*
> 2. *Sutilmente, impede que o consultor fale, assumindo uma posição de que já sabe o que esse vai falar, o que não é verdade;*
> 3. *Ouvir, mas não responder, iniciando outro assunto sem dar importância ao que o consultor falou;*
> 4. *Debochar, passando a ideia de que apenas está "brincando", principalmente quando está diante de outras pessoas, desmerecendo o profissional;*
> 5. *Falar ao telefone no meio da conversa ou falar pelo consultor coisas que esse nunca diria.*

De qualquer forma, como complementa a autora, o consultor tem todo o direito de esclarecer o que não estiver entendendo, assim como de não decidir tudo na hora, nem mesmo no dia. Se for possível, o consultor deve tomar a decisão mais tarde, aliviado da sobrecarga emocional que é comum em muitos desses momentos. Manter a frieza e a calma é imprescindível nessa hora.

Independente dessas observações e dicas, é importante que, após a interação inicial, sejam bem trabalhados dois aspectos em especial. O primeiro envolve **a definição das responsabilidades de cada uma das partes envolvidas para que**, na sequência, seja formulado o plano ou a proposta de trabalho, conforme poderemos acompanhar a seguir.

Definição das responsabilidades das partes

O êxito no processo de negociação certamente gerará melhores resultados no serviço de consultoria prestado. Essa é uma regra básica em qualquer sistema de gestão ou administração, pois a base para qualquer empreendimento é o

PLANEJAMENTO. No caso da consultoria, o planejamento se inicia com os entendimentos e discussões estabelecidos no momento da negociação. É quando as responsabilidades devem ser definidas com a maior precisão possível.

Para que essas definições aconteçam a contento, é importante que a discussão entre as partes seja ampla. O consultor deve trazer para a pauta todos os itens que precisam ser acordados, o que gera um conjunto de responsabilidades durante o desenvolvimento do trabalho. Determinar esse conjunto de responsabilidades é firmar regras e condições para o bom exercício do serviço de consultoria, e definir **como** será desenvolvido o trabalho, considerando o tempo, o acesso às informações, as pessoas disponíveis e a remuneração, entre outras questões.

Diante disso, o fator TEMPO é cada vez mais importante, precisando ser bem delimitado. Por isso, o tempo do trabalho como um todo deve ser estipulado, devendo ser conjugados os interesses e as necessidades da empresa, bem como as possibilidades do consultor. Dessa forma, podemos acertar, por exemplo, que o consultor deverá concluir o trabalho no período de 30 dias. É importante destacar que o consultor também precisa estabelecer o tempo que irá dispor para o trabalho, programando um determinado número de horas e horários para isso e verificando se os colaboradores da empresa estarão disponíveis nesses momentos.

Além disso, a empresa deve determinar quais serão os COLABORADORES DISPONÍVEIS para atuar junto ao consultor e por quanto tempo eles estarão à disposição para o serviço. Quanto a essa definição, é importante que as pessoas designadas tenham capacidade e autonomia suficiente para oferecer o apoio necessário ao consultor. Dessa maneira, deve estar claro sob que circunstâncias esses profissionais poderão auxiliá-lo ou não. Também deve ficar acertado como ocorrerá o ACESSO ÀS INFORMAÇÕES, bem como quem irá transmitir essas informações. Se o consultor tiver acesso ao sistema de informações da empresa, por exemplo, é importante saber que áreas desse sistema serão disponibilizadas.

Vale salientar que é de suma importância designar o ENVOLVIMENTO DOS ESCALÕES SUPERIORES da empresa, ou seja, como será o envolvimento da alta gerência, tanto durante o processo de desenvolvimento da consultoria quanto no início, durante a prestação de esclarecimentos gerais e a apresentação da consultoria aos colaboradores em geral. Quanto à REMUNERAÇÃO, é lícito dizer que este é um dos últimos pontos a serem acertados.

Algumas últimas atitudes ainda são recomendáveis, como sugere Block (2001), que afirma que o *feedback* sobre o controle e o comprometimento é um passo de segurança, visto que o consultor verificará se realmente há um comprometimento e um desejo real do cliente pelo desenvolvimento do projeto. O objetivo é evitar investimentos em demasia ou acreditar que o contrato é forte quando na verdade não é. Além disso, o *feedback* sobre o controle consiste na verificação, junto ao cliente, da existência concreta de um controle sobre o modo como o projeto irá prosseguir. Alguns gestores que supervalorizam o controle, quando percebem que este está fugindo das suas mãos, podem comprometer e ameaçar o desenvolvimento do projeto.

Proposta ou plano de trabalho

A elaboração da proposta ou do plano de trabalho é a formalização dos entendimentos ocorridos durante todo o processo de negociação. Como as definições serão colocadas no papel, é fundamental haver um zelo especial na construção da proposta de trabalho. Tomando por base a descrição de Mocsányi (2003), são três as formas de apresentação de uma proposta de trabalho: a descritiva, a em forma de apresentação e a sintética.

A PROPOSTA DESCRITIVA é bastante detalhada e estruturada. Geralmente, inicia-se com uma breve introdução e um índice com os tópicos a serem tratados. Em seguida, são apresentados os objetivos do trabalho – ou seja, o que se espera atingir em termos de resultados –, a descrição das fases, etapas e prazos e a metodologia do trabalho. Além disso, nesse tipo de proposta é comum estar presente uma breve descrição da empresa de consultoria, acompanhada do currículo dos consultores que estarão envolvidos no projeto. Por fim, encerra-se a proposta apresentando os valores do serviço a ser prestado e a forma de pagamento. É importante lembrar que cabe ao consultor transportar corretamente para o papel tudo o que foi acertado verbalmente.

Em alguns casos, pode ficar acertado entre a empresa de consultoria e o cliente que a proposta seja feita em forma de APRESENTAÇÃO. Geralmente, isso ocorre quando a proposta deve ser aprovada ou analisada por um conselho ou grupo de diretores que, ao invés de ler e discutir a proposta escrita e formal, agenda uma reunião com o consultor para que ele faça uma apresentação, já ficando à disposição para eventuais questionamentos e esclarecimentos.

Uma vantagem disso é que todos ganham tempo, mas o consultor precisa estar atento para preparar uma apresentação eficaz. Assim, o consultor que colocar muitos textos em uma apresentação estará cometendo um erro, pois isso poderá induzí-lo à leitura dos *slides*, o que, além de transmitir insegurança, dificulta a discussão dos tópicos com os assistentes. O ideal é utilizar *slides* com tópicos e palavras-chave que permitam uma apresentação clara e dinâmica. Além disso, na parte inicial da proposta é comum uma breve apresentação da empresa de consultoria, que pode ser um vídeo institucional ou um breve resumo, com gráficos e tabelas – se for o caso – dos principais trabalhos já desenvolvidos.

Nesse contexto, respeitar o tempo da apresentação é fundamental. No caso de haver tempo para discussão, é importante estabelecer quando será o momento para isso, o que não impede que ocorram interrupções para esclarecimentos durante a apresentação. Nesse momento, a empatia também deve ser exercitada, pois é muito importante tentar identificar a receptividade da proposta, de maneira que se possa alterar a forma de exposição, caso seja necessário, buscando uma interação e um diálogo maior com os presentes.

Há também a PROPOSTA SINTÉTICA, que é utilizada normalmente quando há um elevado grau de confiança entre o consultor e a empresa contratante. Ela envolve um documento simples e bastante objetivo, que, por meio de tópicos, relaciona todos os elementos discutidos durante a etapa da negociação verbal.

Essa proposta é muito bem vista por executivos, pois representa um considerável ganho de tempo. Além disso, a produção de um documento breve ou simples não significa que ele irá provocar dúvidas ou dar margem para discussões. É importante destacar que, no caso da proposta sintética, o detalhamento do trabalho em relação aos prazos, às suas etapas e às horas previstas para a realização pode fazer parte de um cronograma que deve ser anexado à proposta.

(6.2) A remuneração do consultor ou da empresa de consultoria

Assim como é importante para uma empresa conhecer os custos de produção antes de determinar o valor de venda de um produto, para o consultor é essencial estabelecer o valor a ser cobrado por determinado serviço levando-se em consideração os custos. Um consultor independente considera, nesse caso, o valor necessário que lhe dê condições de manter um determinado padrão de vida. Isso pode ser facilmente construído, como poderemos verificar adiante.

Claro que esse não é o único fator a ser considerado na determinação do valor dos serviços de consultoria, mas é importante que o consultor independente elabore esses cálculos, inclusive para verificar se, efetivamente, terá os ganhos que imagina em um período maior de trabalho. Porém, é necessário limitar o estabelecimento dos honorários a esses cálculos, sem que, pelo menos, sejam consideradas outras informações, especialmente aquelas ligadas ao mercado de consultoria. Vejamos, inicialmente, de uma forma sintetizada, como calcular o valor da hora do consultor, considerando o seu padrão de vida desejável. Para isso, tomamos como referência o modelo de Mocsányi (2003):

1. Determine o valor necessário para pagar as contas mensalmente, lembrando de incluir despesas extras, referentes a fim de ano, férias etc. Verifique o que isso representa por ano multiplicando o valor por 12, e somando ainda o que você pretende guardar como reserva ou poupança.

2. Considere que o ano tem, aproximadamente, 250 dias úteis, quando subtraímos os feriados e os finais de semana. Destes, subtraia ainda o número de dias que você pretende permanecer de férias, um número de dias para dedicar-se aos estudos, para participar de cursos e atualização, e um número estimado de dias em que você possa vir a estar impossibilitado de trabalhar por motivos diversos, como doença. Considere ainda os dias em que você pretende estar envolvido em atividades não remuneradas, como contatos comerciais, palestras, preparação de trabalhos e propostas, entre outras.

3. Calcule o valor que deve ser recebido diariamente para fazer frente às necessidades estabelecidas no item 1, dividindo esse valor pelo número de dias resultante do item 2.

4. Finalmente, para que você obtenha o custo da hora, basta dividir o valor do item anterior pelo número de horas que o profissional pretende atuar por dia.

No entanto, como já foi dito anteriormente, não é possível definir o valor da hora do serviço de um consultor sem uma avaliação mais profunda de outros fatores igualmente importantes, que também servem de balizadores. Além disso, o consultor deve estabelecer o VALOR-HORA de seu serviço considerando também as taxas ou valores normalmente aplicados no mercado. Isso serve de referência para o consultor, e deve envolver a análise de aspectos específicos do serviço a ser realizado e de suas características e atributos, como, por exemplo, qual a importância do trabalho, a sua complexidade e influência nos ganhos da empresa; qual a importância do cliente, ou quanto significa ter o nome de determinada empresa no portfólio do consultor; qual é a reputação deste no mercado, o quanto ele é solicitado para eventos, palestras em seminários etc. e quais as suas competências técnicas como consultor.

Outra abordagem em relação à cobrança de honorários ou à determinação do valor da remuneração do consultor que diz respeito à forma de recebimento do pagamento. Nesse contexto, Oliveira (2004) apresenta algumas possibilidades:

1. Valor fixo, independente das tarefas realizadas. Nesse caso, é importante detalhar na proposta os serviços previstos;

2. Valor variável, sendo que o consultor recebe de acordo com o número de horas trabalhadas. Em alguns casos, é estabelecido um teto ou limite no valor total a ser pago;

3. Valor percentual por resultado, considerando a complexidade do serviço;

4. Valor por disponibilidade, quando o consultor deve ficar à disposição da empresa por um determinado número de horas por mês;

5. Valor equivalente a quotas ou a ações da empresa-cliente;

6. Valor equivalente a produtos ou serviços oferecidos pela empresa na forma de permuta pela consultoria.

Como podemos observar, a determinação do valor do serviço de consultoria não é tão simples, considerando o grande número de variáveis que exercem influência sobre ele. No entanto, um fator fundamental de influência, que sempre existirá, é, sem dúvida, a relação direta entre o valor cobrado e a competência e a imagem que o consultor detém no mercado ou no segmento em que atua.

(6.3) O contrato de consultoria

Existem diversos modelos que podem servir como referência para a elaboração de um contrato de consultoria. No entanto, nesta obra estaremos fazendo apenas algumas considerações sobre itens ou cláusulas que, em geral, fazem parte de contratos dessa natureza.

Dessa forma, não apresentaremos um modelo específico, primeiramente porque cada situação exige um tratamento diferente e, consequentemente, um contrato apropriado. Em segundo lugar, porque grande parte dos serviços de consultoria contratados ocorre mediante um "aceite" ou um "de acordo" explicitado na própria proposta elaborada pelo consultor ou pela empresa de consultoria.

Devemos lembrar que a proposta é elaborada após todo o processo de negociação entre a empresa-cliente e a consultoria, o que leva a crer que ela expressa exatamente o resultado do que foi discutido e acordado entre as partes. Caso haja a correta descrição desse acordo na proposta do consultor e, no final, seja explicitado um "de acordo" da parte contratante, o documento pode chegar a ter um valor semelhante ao de um contrato.

Esse procedimento ganha cada vez mais adeptos, especialmente por oferecer ganho de tempo. Assim, recomendamos que, durante o processo de negociação, os pontos discutidos e acertados sejam anotados. No final da negociação, faz-se uma leitura desses pontos para uma reafirmação do que foi acordado e, na sequência, redige-se a proposta com os tópicos abordados.

Em geral, o consultor ou a empresa de consultoria já tem uma proposta formatada, com um espaço para preenchimento dos assuntos que, normalmente, fazem parte desses acordos. Além disso, é reservado outro espaço para aquilo que fugir desse padrão. Independente de o consultor utilizar a própria proposta ou elaborar um contrato, alguns tópicos são imprescindíveis, como, por exemplo, a qualificação das partes envolvidas no negócio por meio de endereço, CNPJ e nome do representante legal. Também é necessário o detalhamento de todos os serviços que serão desenvolvidos e das condições de acessibilidade ou dos setores e dependências que estarão disponíveis para busca de informação. Além disso, os responsáveis de ambas as partes que estarão envolvidos na atividade de consultoria devem ser discriminados.

Ainda é necessário que sejam explicitados o tempo de duração do trabalho, a previsão do número de horas e a data de início e término do serviço. Antes das assinaturas, também é importante que estejam presentes os relatórios de consultoria, bem como que tenha sido redigido o que foi acordado em relação à remuneração. Para finalizar, é necessário que estejam explicitados os motivos pelos quais o contrato ou o acordo poderá ser rescindido, bem como observações sobre penalidades e multas indenizatórias.

Atividades

1. Em um processo de negociação dos serviços de consultoria, a impressão inicial é bastante impactante e decisiva, sendo o portfólio um dos elementos formadores dessa impressão. Descreva alguns cuidados que devem ser tidos durante a elaboração do portfólio.
2. De acordo com a autora Maria Ignez Bastos (1999), apresente as possíveis atitudes do interlocutor da empresa-cliente quando o consultor for inexperiente, visando obter vantagem de tal situação,
3. A base para qualquer empreendimento é o planejamento. Descreva, no caso do planejamento de uma consultoria, as questões a serem definidas ainda no processo de negociação.

(7)

Construindo um diagnóstico

Jeferson Luis Lima Cunha

Neste capítulo, a prestação do serviço de consultoria vai ser efetivamente discutida, já que, na prática, todas as condições para esse trabalho foram definidas e contratadas, seja por meio de uma proposta com o aceite formal, seja mediante um contrato. Além das questões mais prementes, também foram acertados o espaço, os recursos e os procedimentos de uso que estarão à disposição do consultor, como salas ou mesmo uma mesa, acesso à internet, telefones, fotocópias etc. Geradas as condições, o consultor iniciará, então, o contato com os colaboradores/facilitadores dentro do processo de consultoria, pessoas que também foram antecipadamente definidas.

Este capítulo apresentará a etapa inicial do trabalho do consultor, também conhecida como *diagnóstico* ou *levantamento inicial de informações*. Trata-se de uma fase em que o profissional reúne um grande número de informações, filtrando-as e organizando-as por meio de uma intensa interação com os setores e facilitadores designados. Dessa maneira, o consultor irá atuar como um grande "perguntador", que indagará dos responsáveis pela empresa-cliente acerca dos motivos por trás da escolha das rotinas, dos processos e das estratégias organizacionais.

Para oferecer exemplos de informações que devem ser colhidas durante essa etapa, iremos considerar a hipótese de uma consultoria ampla ou geral, em que a análise se inicia pelo questionamento do negócio em si e das grandes metas e estratégias, merecendo isso uma seção específica do capítulo. Em seguida, abordaremos as áreas e os setores da organização por meio de uma ação investigativa para esmiuçar seus processos, rotinas e controles.

Além disso, iremos sugerir um modelo de *checklist*, lembrando que se trata apenas de uma lista referencial, que não determina um padrão a ser seguido. Cada empresa, com o seu segmento e as suas atividades, exigirá uma adaptação desse modelo sugerido, sendo que muitos tópicos poderão ser suprimidos e outros, acrescentados.

Por fim, encerraremos o capítulo com considerações a respeito da postura do consultor e de atitudes em relação aos seus interlocutores, comentando os cuidados necessários para que se consiga colher as informações com exatidão.

(7.1) Qual é o nosso negócio?

Esse é o momento em que o consultor deve buscar estabelecer um diálogo com pessoas de dentro da organização que possam lhe transmitir informações amplas sobre a empresa, como dados referentes à história e à estrutura desta. Algumas dessas informações já devem ser conhecidas pelo consultor, pois, como recomendamos no Capítulo 6, antes mesmo do momento da negociação para a contratação da consultoria, o consultor já deve conhecer um pouco a empresa-cliente, bem como a atuação, os produtos e o porte desta. No entanto, supomos que essas informações foram colhidas por meio de fontes externas, não representando necessariamente o que realmente acontece na organização, ou, pelo menos, não no nível de detalhamento exigido para a análise nessa fase do trabalho.

Nessa etapa, o consultor também deve verificar o atual momento da empresa, bem como a evolução e a participação atual desta no mercado. Ele deve ainda investigar, aproveitando o gancho com a análise de mercado, a concorrência mediante uma análise quantitativa e qualitativa. Nesse contexto, perguntar sobre os principais fornecedores e clientes da organização também pode ser algo importante para que o profissional de consultoria tenha mais informações sobre as políticas ou estratégias que a empresa-cliente possui.

Uma atitude interessante para o consultor nesse momento inicial da consultoria é registrar o nome das pessoas – e suas respectivas áreas – que ele deverá contatar na sequência do trabalho. É possível que essas informações gerais possam ser fornecidas por uma pessoa apenas, claro que com tempo de empresa e conhecimento suficiente para tal atribuição, mas conforme a conversa for evoluindo, alguns dados começarão a exigir resposta daqueles que realmente os conhecem. Um exemplo disso é a resposta sobre a participação da empresa no mercado. Possivelmente, o primeiro interlocutor poderá informar, mesmo que por aproximação, o referido percentual. No entanto, se o consultor perguntar como está a evolução das vendas nos últimos 12 meses ou até mesmo questionar a evolução da própria participação da organização no mercado, talvez o gerente comercial seja o profissional mais indicado para apresentar os números. Esse apanhado geral contribui para uma boa visão da empresa, que ainda pode ser complementada mediante informações sobre o ambiente interno, o clima organizacional e as relações interpessoais, tanto formais – entre os diferentes níveis hierárquicos, incluindo relações com lideranças – como informais –, independentes dessa estrutura hierárquica.

Assim, essa primeira etapa do trabalho de consultoria é concluída com a construção desse amplo parecer sobre o negócio e, talvez, com um entendimento sobre a visão estratégica do mesmo. Damos ênfase a isso, pois, com relativa frequência, encontramos empresas – seguramente as de menor porte – sem clareza de visão estratégica, o que nos leva a incluir uma seção específica sobre o assunto a seguir.

(7.2) Falando sobre visão estratégica

A palavra *estratégia* deriva do grego *strategos*. Na Grécia, o estratego – ou estrategista – era o general que planejava as manobras necessárias para alcançar as vitórias. Em um mercado extremamente competitivo e mutável, para que obtenhamos vitórias, precisamos estar em um estado permanente de vigília em relação aos cenários envolvidos, além de articular ações, ora de defesa, ora de ataque, para combater os "inimigos" concorrentes. Podemos chamar esse "combate" de AÇÕES ESTRATÉGICAS MERCADOLÓGICAS, sendo que, para existir, essas ações exigem PLANEJAMENTO.

O PLANEJAMENTO ESTRATÉGICO, na definição de Caravantes (2005, p. 409), "é o processo de decidir, dentro do quadro de referência definido pelas políticas, sobre os objetivos da organização, os recursos a serem usados para atingi-los e a estratégia que orientará a obtenção, o uso e a disposição desses recursos". Dessa forma, percebemos que o planejamento estratégico surge no nível mais elevado da organização, justamente para definir os grandes objetivos. Vale ressaltar que todo processo de colocar em prática o que foi planejado fica estabelecido no planejamento tático e operacional, que pode ser entendido como um desdobramento do planejamento estratégico, construído com os níveis intermediários e da base da organização.

Assim, fica claro que todas as ações em uma empresa bem planejada seguem diretrizes estabelecidas no planejamento estratégico, representando um norte para todos os colaboradores. Trata-se de uma visão estratégica ou de uma estratégia central, que, sob esse prisma, deve ser absolutamente entendida e aceita por todos sob pena de comprometer os desejáveis resultados do negócio.

Isso posto, é importante citarmos que uma ferramenta simples, mas essencial para que as empresas identifiquem a sua estratégia central, é a matriz SWOT (*strengths, weaknesses, opportunities, threats*), que significa, respectivamente: "forças", "debilidades", "ameaças" e "oportunidades", pois procura identificar os fatores mais significativos, tanto internos como externos, que afetam a empresa, oferecendo, assim, informações substanciais para a formulação da estratégia.

É por meio dessa matriz que a empresa pode verificar, em uma análise interna, como os seus pontos fortes podem ser mais bem aproveitados, tanto defensiva como ofensivamente. Já em relação às suas debilidades ou pontos fracos, a empresa terá condições de promover ações de aprimoramento ou recuperação. Sob o ponto de vista da análise externa, as ameaças e oportunidades identificadas também representam indicadores positivos e negativos do cenário. Explorar as oportunidades e precaver-se contra as ameaças são, portanto, as ações que devem resultar dessa análise.

No entanto, o trabalho mais importante e que, efetivamente, é determinante na formulação da estratégia central é o cruzamento dos pontos fortes e fracos com as oportunidades e ameaças. Nesse contexto, o grande desafio dos gestores é identificar em que situações e diante de quais oportunidades os pontos fortes podem ser explorados. Da mesma forma, saber como utilizá-los para fortalecer a organização ante situações ameaçadoras é essencial. O ponto inverso, ou seja, o estudo dos pontos fracos, também deve ser realizado considerando os cruzamentos citados.

Assim, a estratégia central da empresa consiste em uma declaração de como ela pretende atingir seus objetivos. Como mencionam Hooley, Saunders e Piercy (2005, p. 33),

> *se, por exemplo, o objetivo de longo prazo da organização é ser líder de mercado no mercado X, com uma participação de mercado de, no mínimo, duas vezes a participação dos concorrentes mais próximos, a estratégia central pode concentrar-se, para isso, no uso de uma tecnologia superior, em preços mais baixos ou em melhor serviço ou qualidade.*

Dessa forma, a empresa utilizará os seus pontos fortes como fonte de recursos para alavancar atividades e ações visando atingir seus objetivos corporativos.

Todos os objetivos de médio e curto prazo são definidos com base em grandes e estratégicos objetivos. Nesse contexto, os colaboradores de nível médio e operacional estarão decidindo detalhes de ações futuras (QUEM deve fazê-las; ONDE, QUANDO e COMO elas devem ser feitas) em função da definição anterior, idealizada pelos níveis mais elevados da organização, que determinaram O QUÊ deve ser feito.

Possuir essa visão estratégica é imprescindível para qualquer organização. Como pudemos observar, todo o planejamento se desdobra a partir dessa visão ou estratégia central. O consultor precisa não apenas enxergar essa visão, como percebê-la na mente de todos os colaboradores. Se não existir esse entendimento, os trabalhos executados não terão um "norte", sendo feitos porque alguém ou alguma norma assim determina. Nesse caso, a execução de um serviço com a preocupação de que esse esteja alinhado aos grandes objetivos não existe e, como consequência, haverá um grande número de atividades ineficazes ou improdutivas. Essa preocupação é reforçada por Covey (2005, p. 223), que alerta que os planos estratégicos "com demasiada frequência, são aéreos e vagos e os líderes não conseguem traduzir a estratégia nos poucos objetivos fundamentais que devem ser cumpridos no curto prazo". Ele destaca ainda que os empregados devem saber quais são as prioridades relevantes, aceitando-as e traduzindo-as em ações específicas.

Este é, sem dúvida, o primeiro grande desafio do consultor: verificar a consistência da estratégia central determinada pela alta direção e analisar o quanto ela está presente nos demais níveis hierárquicos da organização. O resultado dessa verificação, quando algum problema ou incongruência for localizada, pode gerar a necessidade de uma reavaliação ou um realinhamento da visão estratégica da organização. Caso a estratégia central esteja bem construída, será necessário verificar as barreiras e dificuldades que existem para a assimilação desta nos demais níveis organizacionais.

(7.3) O *checklist* como documento referencial

Visando à organização e ao ordenamento das questões para uma posterior análise, é importante que o consultor faça uso de uma espécie de roteiro de trabalho. Esse recurso, também conhecido como *checklist*, auxilia na coleta de informações, evitando que alguma área ou assunto seja esquecido ou, ainda, que algumas informações sejam levantadas mais de uma vez, corroborando com a ideia de que a organização é um elemento fundamental para aumentar a eficiência de qualquer trabalho.

Como referência, apresentaremos uma lista de questões a serem apuradas. Lembramos, no entanto, que se trata apenas de uma lista referencial, e não de um modelo definitivo ou único. É importante ratificar que cada empresa, com suas atividades e o seu segmento, exigirá uma adaptação desse modelo sugerido, podendo alguns tópicos serem suprimidos e outros acrescentados pelo consultor.

Vale lembrar que cada item apresentado deve ser transformado em uma pergunta, com a utilização de "por que" (respostas mais amplas), "para que" (respostas mais focadas) e "como" (respostas mais descritivas).

Iniciaremos recuperando os tópicos comentados na seção anterior, que abrangem os grandes objetivos e estratégias organizacionais. Em seguida, serão listadas algumas questões por áreas ou setores, não existindo, porém, nenhuma ordem de importância ou prioridade. No momento de organizar o CHECKLIST, o consultor deve ordená-lo conforme lhe parecer mais conveniente.

Questões estratégicas

- NEGÓCIO:
  Qual é o negócio da empresa?
  Que benefício o cliente procura em meu estabelecimento?

- MISSÃO:
  O que a minha empresa faz?
  Como e onde ela faz?

- VISÃO:
  Até onde a nossa empresa quer chegar?

- VALORES:
  Que valores devem ser respeitados por todos para chegarmos ao sucesso?
  Qual é o modelo de gestão?

- METAS E OBJETIVOS:
  Quais são os objetivos e as metas da minha empresa?
  Eles podem ser facilmente mensurados?
  Existe um método de quantificação das metas e dos objetivos da empresa?
  Todos os colaboradores têm conhecimento das metas e dos objetivos da organização?
  Existem planos de investimentos e de expansão?
  Existem planos para novos mercados, incluindo-se, aí, a exportação?

- ANÁLISE DO AMBIENTE EXTERNO (OPORTUNIDADES E AMEAÇAS):
  Quem são os meus concorrentes?
  Que posição eles ocupam no mercado?
  Quais são os indicadores de *performance*?
  Que tipo de mercado há para o produto comercializado?
  Que público é relevante para o meu negócio?
  Qual é o posicionamento competitivo da minha empresa?
  O produto oferecido atinge as exigências do mercado?
  Quais critérios foram utilizados na determinação das regiões e dos pontos de venda?
  Quais são os diferenciais do produto em relação à concorrência?
  Quais são os fatores críticos de sucesso (fatores-chave de sucesso)?
  Quais são as alternativas tecnológicas?
  Como está o mercado externo (importações e exportações)?
  Quais são as políticas governamentais de desenvolvimento e tributárias?

Questões por área: ambiente interno (forças e debilidades)

- FINANCEIRA E CONTÁBIL:
  Fluxo de caixa: margens de lucratividade, ponto de equilíbrio;
  Aplicações: investimentos, bancos e linhas de crédito disponíveis;
  Política de crédito aos clientes: controle de vendas, controle de recebimentos;
  Prazo médio de recebimentos: cobrança e inadimplência;
  Controle de pagamentos: prazo médio de compras;
  Estrutura de custos: custos fixos e variáveis;
  Cálculos dos preços dos produtos e serviços: relatórios gerenciais e contábeis;
  Capital de giro próprio, capital de terceiros: controle de endividamento, encargos financeiros, planejamento e enquadramento fiscal.

- OPERAÇÃO:
  Layout dos ambientes;
  Produção sob encomenda ou em série;
  Processos logísticos para recebimento de matéria-prima, distribuição e entrega de produtos;
  Como são processados os pedidos, as etapas de fabricação e os gargalos;
  Sobre e subutilização da capacidade instalada;
  Manutenção de máquinas e equipamentos, manutenção preventiva e corretiva;

Leadtime da manufatura de produtos;
Sistemas de gestão da qualidade dos processos;
Condições ambientais de trabalho, iluminação, temperatura, ruídos;
Critérios de seleção de fornecedores;
Gestão dos estoques (quais métodos são empregados);
Programas de produtividade;
Banco de ideias e soluções de problemas.

- RECURSOS HUMANOS:
Estrutura da área e organograma;
Processos de recrutamento e seleção, forma e critérios;
Gestão por competências, avaliação de desempenho;
Programa de treinamento e desenvolvimento;
Levantamento da Necessidade de Treinamento (LNT);
Capacitação de líderes, *feedback;*
Convênios e benefícios;
Plano de carreira, cargos e salários, descrição de funções;
Programa de *endomarketing;*
Avaliação, monitoramento do clima organizacional;
Turnover, motivos, índices, entrevistas de desligamento;
Monitoramento das doenças ocupacionais e de acidentes de trabalho;
Legislação, folha de pagamento, horas extras, rotinas do setor de pessoal.

- COMERCIAL:
Market share
Quantidade e classificação dos clientes, público-alvo;
Segmentação de mercado e posicionamento;
Índice de fidelização dos clientes;
Pesquisas e índices de (in)satisfação dos clientes;
Política de preços e de crédito ao cliente;
Campanhas publicitárias e promocionais;
Qualificação da equipe de vendas;
Programas de incentivo, recompensas, comissões de vendas;
Influência da sazonalidade nas vendas;
Relatórios e controles de vendas por produto ou serviço;
Evolução das vendas por períodos;
Brand equity (gestão de marcas);
E-commerce, e-marketing.

- SISTEMAS E CONTROLES GERENCIAIS:
  Sistema de informações gerenciais;
  Integração dos sistemas implantados;
  Uso da intranet e da internet;
  Monitoramento do planejamento estratégico;
  Intensidade das alterações nas metas de planejamento;
  Acompanhamento dos resultados e indicadores de desempenho;
  Revisão dos indicadores de desempenho.

(7.4) O trabalho de busca e análise de informações

As dificuldades da empresa-cliente exigem que o consultor encontre caminhos – convencionais ou não – que, por sua vez, venham a estabelecer novas realidades, agregando conhecimentos e promovendo uma mudança de comportamentos. Esse é o objetivo da contratação de um consultor, e é natural imaginar que a empresa, por meio de todo o seu corpo funcional, não envidará esforços para colaborar e oferecer todas as informações necessárias ao desempenho da consultoria. No entanto, obstáculos se interpõem já nesta etapa por meio de uma resistência instaurada naturalmente no ambiente alvo do estudo, sendo reflexo de receios sobre as prováveis mudanças que decorrerão da análise.

Além disso, é comum encontrarmos atitudes por parte dos colaboradores que prejudicam e até podem comprometer a análise do consultor. Eltz e Veit (1999, p. 54) reforçam que, na consultoria, "há a possibilidade de o colaborador desviar a atenção do consultor para situações superficiais, evitando assumir e reconhecer de forma transparente sua incompetência ou incapacidade em resolver o que foi apontado como prioritário no diagnóstico inicial".

Esse é um fato que o consultor deve suplantar, pois a veracidade do diagnóstico depende da autenticidade das informações recebidas. Mesmo que isso não garanta uma confiabilidade absoluta nas relações estabelecidas, o consultor precisa criar um ambiente em que todos os colaboradores ou facilitadores do serviço de consultoria acreditem na importância e na necessidade do trabalho, visualizando este como um meio para assegurar a viabilidade de objetivos maiores e, quem sabe, até para garantir a permanência da empresa no mercado.

Essa aparente incoerência pode ser compreensível, pois é natural que o ser humano reaja ao que é novo com receios. Entender suas crenças, medos e idiossincrasias é uma habilidade que o consultor deve possuir, ou, então, procurar desenvolver nas relações inter-pessoais, buscando um conhecimento maior dos aspectos psicológicos dos indivíduos e, consequentemente, desenvolvendo mecanismos para contornar essas resistências.

Quando, entretanto, existe uma distância entre o desejo de melhoria manifestado pela empresa-cliente e a sua real motivação para agir, temos um problema com uma dimensão que ultrapassa a individualidade dos membros da organização e perpassa por todo um sistema de gestão. Essa situação demonstra uma desconexão entre DESEJO e AÇÃO, e é normalmente provocada por uma dissonância interna entre gestores. Apesar de menos comuns, esses casos exigem uma regressão no processo e, se necessário, um delineamento novo para o trabalho, que deve ser criado sob uma posição consensual entre os gestores.

Já que observamos algumas hipóteses em que a coleta de informações sofre resistência e exige do consultor atitudes ora conciliadoras, ora de conscientização, consideremos agora a desejável situação em que as áreas a serem investigadas foram devidamente preparadas e informadas acerca da necessidade e da relevância do trabalho. Ainda assim, é importante que o consultor tome algumas providências antecipadamente, evitando confusões, constrangimentos e atrasos no trabalho.

Dentro desse contexto, agendar horários com os facilitadores ou responsáveis pela prestação de informações é fundamental. Para isso, devem ser estabelecidos contatos preliminares, sendo que é possível fazer uso dos serviços de uma secretária da própria empresa nessa tarefa. Outro importante aspecto refere-se ao clima que se cria com o entrevistado. Um clima de informalidade pode fazer com que se tenha uma abertura maior na coleta de informações. Esse clima informal pode surgir em apenas alguns minutos de conversa sobre assuntos gerais, de interesse comum, ou até mesmo sobre o setor ou departamento. Vale ressaltar que essa conversa deve incluir elogios e destaques a aspectos positivos percebidos no ambiente. Trata-se de "quebrar o gelo" e criar um ambiente positivo e amigável. Por outro lado, **muita formalidade com documentos e fichas a serem preenchidas provocam** uma certa preocupação e, consequentemente, um maior cuidado do colaborador entrevistado em relação ao que irá informar. Com isso, há um aumento da possibilidade de ocorrência de informações incompletas e distorcidas.

O registro das informações mais importantes, no entanto, é imprescindível. O que sugerimos é que o consultor utilize um bloco de anotações e registre palavras-chave, que lhe permitam complementar e estruturar melhor as informações para análise em um momento posterior, longe do entrevistado.

Dessa maneira, é importante destacar as observações de alguns autores, como Mocsányi (2003), que alerta sobre a inconveniência de se gravar entrevistas. Se um formulário estruturado ou o excesso de anotações pode constranger ou inibir o entrevistado, não há dúvida de que a gravação provocará uma reação muito maior nesse sentido. Mesmo que o entrevistado não desautorize a gravação, certamente a situação fará com que muito do que seria dito naturalmente em uma conversa informal seja suprimido. Obviamente que seria ainda pior gravar a reunião sem o consentimento ou a ciência do entrevistado, pois estaríamos diante de uma atitude nem um pouco ética e que contraria totalmente o preceito de confiabilidade de um consultor.

De forma geral, o consultor deve ter uma acurada capacidade de síntese para que, diante de um grande conjunto de informações, ele consiga separar "o joio do trigo". Isso não significa que o consultor deva descartar todas as demais informações, mas, para efeito de análise, ele deve, obrigatoriamente, filtrar aquilo que efetivamente tenha influência e relevância dentro do contexto investigado. Por precaução, sugerimos que todas as informações desconsideradas nesse momento sejam ainda arquivadas, mesmo que temporariamente, para o caso de serem necessárias no futuro.

O fundamental na relação entre o consultor e o representante da empresa-cliente é que se estabeleça um elevado grau de confiança e comprometimento. Isso porque a investigação deve permear todas as áreas que afetem a situação-problema. Além disso, a visualização crítica e o entendimento de como estão as coisas e de como elas deveriam estar precisam ser não apenas do consultor, mas também de todos os seus interlocutores. A análise das informações antecipa a organização e a ordenação das ações mais prementes, assim como daquelas que, mesmo não estando previstas no escopo do projeto inicial, surgem em decorrência do estudo e dos levantamentos realizados.

Nesses casos, o consultor deve discriminar as ações e incluí-las na discussão do PLANO DE AÇÃO[a], tendo a preocupação de esclarecer aos gestores da empresa-cliente que tais ações, mesmo não previstas inicialmente, devem ser consideradas com base nos problemas detectados. Se for possível mensurar perdas pela não adoção das medidas, o consultor deve reforçar ainda mais sua argumentação.

Atividades

1. Na fase referente à construção do diagnóstico, o consultor pode analisar o uso de uma ferramenta simples, mas essencial para as empresas identificarem a sua estratégia central. Discorra sobre essa ferramenta, que realiza um estudo dos cenários internos e externos da organização.

---

a. O Plano de Ação reúne as ações a serem colocadas em prática. Para a elaboração desse documento, algumas recomendações se fazem necessárias. Elas serão apresentadas no capítulo seguinte.

2. Por que é importante que o consultor faça uso de um *checklist* durante a coleta de informações?

3. O consultor deve ordenar o seu *checklist* como lhe parecer mais conveniente. No entanto, independente da ordem a ser seguida, é imprescindível investigar questões dos ambientes interno e externo da organização. São exemplos de situações a serem analisadas (relativas ao ambiente interno):
   a. O controle de pagamentos de fornecedores e de recebimentos de clientes.
   b. O planejamento e o enquadramento fiscal.
   c. O posicionamento competitivo da empresa.
   d. As políticas governamentais tributárias e de desenvolvimento.
   e. Os processos logísticos para o recebimento de matéria-prima.

(8)

Elaboração e apresentação
do projeto de melhorias

Jeferson Luis Lima Cunha

Uma nova e igualmente importante etapa do trabalho do consultor se inicia nesse momento. Chegou a hora de haver um reencontro com a direção da empresa-cliente para que seja construído o Plano de Ação ou projeto de melhorias. Todas as reflexões e estudos realizados pelo consultor, que foram apresentados no capítulo anterior, serviram de embasamento para a identificação dos principais problemas que a empresa enfrenta.

Quando falamos em *projeto de melhorias*, temos de admitir que a empresa possui processos ineficazes no nível operacional ou – o que, certamente, é mais grave e possui uma solução bem mais complexa – apresenta problemas estratégicos.

Diante desse cenário, a grande pergunta que se apresenta hoje é: como extinguir ou, pelo menos, reduzir ao máximo os erros existentes na organização, diante de um cenário com crescente competitividade em todos os mercados?

Uma abordagem interessante sobre a importância de se administrar os erros no tempo certo é feita por Mittelstaedt Junior (2006), que sugere que a disciplina, a cultura e o aprendizado com experiências alheias, mesmo que não evitem completamente possibilidades de crises na empresa, podem ajudar a criar uma organização suficientemente observadora, que intervenha rapidamente para minimizar os danos existentes. Perceber os erros estratégicos e de execução no tempo certo pode significar a diferença entre vencer ou perder no mundo dos negócios.

Os erros de execução estão relacionados a operações, podendo, entretanto, ter implicações estratégicas. Eles acontecem com maior rapidez e costumam ser mais visíveis, além de mensuráveis, como, por exemplo, vendas perdidas, insatisfação de clientes etc. Erros provocados pela cultura organizacional, especialmente em função de estratégia, são mais difíceis de lidar, pois se, em um dado momento, podem não representar uma crise, ao longo do tempo se transformam em uma ameaça à "vida" da empresa. Nesses casos, a questão não reside em uma única ação ou decisão errada, mas em uma enorme quantidade de pequenas decisões equivocadas ao longo de determinado período.

O exercício da atividade de consultoria utiliza a metodologia de análise crítica, que deve ser transferida ao longo do tempo para a empresa, sendo incorporada à cultura desta. Dessa forma, o consultor passa a ter um papel importante no próprio processo de mudança da cultura da organização, inserindo no ambiente empresarial um novo comportamento, imperceptível no dia a dia, mas que, a longo prazo, como qualquer mudança cultural, representará um novo modelo. Este, por sua vez, será caracterizado por uma gestão centrada na prevenção de deslizes durante a etapa de planejamento, em ações imediatas de correção de erros provenientes de imprevistos ou infortúnios e em oportunidades de mercado.

Estando o consultor munido de todas as informações para subsidiar o processo de tomada de decisão, cabe a ele, então, estabelecer prioridades nas ações preventivas – tanto de melhorias quanto de correções. Ele também deve, a partir dos cenários construídos na etapa da análise, sugerir ações em torno das oportunidades vislumbradas.

Dessa forma, a discussão com o conjunto de diretores ou tomadores de decisão da empresa-cliente é que dará origem ao projeto de melhorias ou Plano de Ação, que congregará as referidas ações de curto, médio e longo prazo. Nos tópicos seguintes, iremos verificar os aspectos relevantes da construção desse documento, desde o momento das discussões sobre o plano até a definição dos indicadores e mecanismos de controle.

(8.1) A estrutura do projeto: discutindo o Plano de Ação

Para a estruturação do projeto ou a construção do Plano de Ação, o consultor deve reunir-se com a equipe de tomadores de decisão da empresa-cliente e apresentar suas conclusões a respeito da etapa do levantamento de informações, diagnóstico e análise. Nesse momento, a experiência e o conhecimento do consultor devem servir de orientação para a tomada de decisão do grupo reunido. Todas as possíveis ações precisam ser apresentadas por meio de uma argumentação consistente, com o resumo dos motivos para a implantação e as consequências positivas e negativas, caso o projeto seja aprovado ou não.

Por mais que os serviços de consultoria normalmente sejam contratados para a produção de projetos de médio e longo prazo, também são necessárias a elaboração e a execução de planos de curto prazo, até mesmo para, em certos casos, viabilizar aqueles de longa duração. Ressaltamos que é importante para o consultor dar ênfase aos planos de curto prazo basicamente por dois motivos principais. Em primeiro lugar, porque, se esses planos de curta duração forem iniciados imediatamente e, obviamente, forem bem aplicados, eles poderão ser um mecanismo para ampliar a credibilidade do trabalho do consultor e garantir a aprovação e a execução dos planos de maior amplitude e duração. Em segundo lugar, porque esses planos podem apresentar ganhos que, em um contexto maior, podem tornar o programa de longo prazo autossustentável dentro da empresa.

Toda experiência e conhecimento do consultor devem estar presentes nesse momento de encaminhamento das ações e de elaboração do plano. O profissional, de posse de elementos relacionados à capacidade financeira e de investimento da empresa, assim como dos recursos disponíveis, deve utilizar todo o seu conhecimento para realizar a exposição das recomendações e sugestões, alertando para os riscos, os benefícios, as vantagens e as desvantagens, além de observar o necessário equilíbrio entre o que é necessário e o que é possível de ser feito com os recursos existentes.

Nessa fase, duas ferramentas de fácil entendimento e aplicação são interessantes e podem ser utilizadas para a ordenação e a classificação ou priorização das ideias, de maneira a facilitar a análise e a tomada de decisão por parte daqueles que representam a empresa-cliente. Inicialmente, para a priorização dos problemas, recomendamos a matriz GUT (**Gravidade, Urgência e Tendência**),

Quadro 8.1 – Matriz GUT

PROBLEMA	NOTA	GRAVIDADE	NOTA	URGÊNCIA	NOTA	TENDÊNCIA	TOTAL
Descrever aqui o problema em análise	5	Extremamente grave	5	Extremamente urgente	5	Se não for resolvido, piora imediatamente	Registre aqui a soma dos valores atribuídos à Gravidade, à Urgência e à Tendência (no máximo 15)
	4	Muito grave	4	Muito urgente	4	Vai piorar a curto prazo	
	3	Grave	3	Urgente	3	Vai piorar a médio prazo	
	2	Pouco grave	2	Pouco urgente	2	Vai piorar a longo prazo	
	1	Sem gravidade	1	Sem urgência	1	Sem tendência para piorar	

Quadro 8.2 – Matriz Basico

Nota	Benefícios	Abrangência	Satisfação Interna	Investimentos	Cliente	Operação
5	De vital importância	Total (de 70% a 100%)	Muito grande	Pouquíssimo investimento	Impacto muito grande	Muito fácil implementar
4	Impacto significativo	Muito grande (de 40% a 70%)	Grande	Algum investimento	Grande impacto	Fácil implementar
3	Impacto razoável	Razoável (de 20% a 40%)	Média	Médio investimento	Bom impacto	Facilidade média
2	Poucos benefícios	Pequena (de 5% a 20%)	Pequena	Alto investimento	Pouco impacto	Difícil implementar
1	Algum benefício	Muito pequena	Quase não há diferença	Altíssimo (requer recursos extras)	Nenhum impacto	Muito difícil implementar

que é utilizada para avaliar cada uma das situações problemáticas encontradas. Por meio dela, é atribuída uma nota para cada uma das três características do problema, e, em seguida, obtém-se o grau de priorização de cada problema investigado. O Quadro 8.1 representa um modelo dessa matriz.

Após a priorização dos problemas, utilizamos a segunda matriz, que se refere à priorização das possíveis soluções apresentadas – trata-se da matriz Básico (Quadro 8.2). A metodologia de aplicação é semelhante à da matriz GUT, sendo modificado apenas o número de características utilizadas na avaliação de cada solução proposta. Dessa forma, na matriz Basico, *B* representa os benefícios que a solução oferece para a organização, *A* diz respeito à abrangência de pessoas beneficiadas, *S* é a satisfação gerada aos colaboradores, *I* representa os investimentos necessários, *C* indica os efeitos da solução sobre os clientes e *O* é a operacionalidade da solução.

Cada solução apresentada será estudada mediante essas seis características, atribuindo-se a cada uma delas uma nota de 1 a 5, conforme é demonstrado no Quadro 8.2. Por fim, assim como acontece na matriz GUT, é necessário realizar a soma dos valores atribuídos em cada uma das seis colunas, sendo que as **soluções que atingirem o valor mais elevado (no máximo 30) serão as soluções prioritárias ou recomendadas.**

Como podemos perceber, nessa etapa do serviço de consultoria, salvo situações em que se atribuem responsabilidades diferentes às partes, geralmente o consultor não é o tomador de decisão. A última palavra é sempre dos diretores da empresa, mas todas as orientações e os esclarecimentos sobre as alternativas e os encaminhamentos propostos são fornecidos pelo consultor, que, nesse momento, está exercendo o papel de facilitador para a tomada de decisão. Dessa forma, o sucesso ou o fracasso das decisões tomadas é uma responsabilidade conjunta.

(8.2) Ferramentas de planejamento

Para essa fase do planejamento, na qual ocorre o desdobramento da estratégia central, normalmente é utilizada uma ferramenta que já é aplicada há muitos anos por inúmeras empresas e consultores organizacionais, principalmente pela sua simplicidade, eficácia, facilidade de aplicação e amplitude. Trata-se da PLANILHA 5W2H, que consiste num relatório organizado por colunas, sendo que cada uma delas é encabeçada por um título (originalmente em inglês: *what, why, who, where, when, how* e *how much*. Eles representam uma série de questões que descreverão os pormenores de cada ação. Na sequência, apresentamos a tradução dessas questões e comentários para um melhor entendimento:

1. WHAT (O QUÊ?): nessa coluna, deve ser especificada a ação ou a meta, ou seja, aquilo que pretendemos atingir. Se houver mais de uma ação ou meta, elas devem ser numeradas para facilitar a referência e o acompanhamento do desdobramento.
2. WHY (POR QUÊ?): Aqui, deve constar a justificativa da ação. Em tese, essas duas primeiras colunas já foram definidas na etapa anterior, em que ocorreu a priorização das ações. Portanto, a justificativa é o argumento apresentado na análise anterior.
3. WHO (QUEM?): nessa coluna, deve ser indicado o nome do responsável pela ação que está sendo discutida. No caso de o responsável pela ação ser um grupo ou um colegiado de pessoas, deve ser indicado o nome de um representante.
4. WHERE (ONDE?): por uma questão de agilidade, em alguns casos as empresas deixam de considerar essa coluna, pois geralmente a ação ocorre na empresa. De qualquer forma, manteremos a estrutura original da planilha, lembrando que, em determinadas ações, o local pode até ser externo à empresa.
5. WHEN (QUANDO?): indica os prazos ou períodos em que serão desenvolvidas as ações descritas nas colunas anteriores. Além disso, são estabelecidas as datas limites para a conclusão dessas ações.
6. HOW (COMO?): é registrado nessa coluna o método que será utilizado para a execução da ação proposta. Nesse espaço, é comum haver desdobramentos, com a incidência de novas questões envolvendo "o quê?", "quem?", "onde?" etc. Dependendo da complexidade ou da amplitude da ação, possivelmente esses questionamentos serão necessários. Cabe ressaltar que o responsável indicado na segunda coluna deve ser mantido. Todos os nomes apontados na descrição desta coluna são responsáveis menores, que devem se reportar ao imediatamente superior.
7. HOW MUCH (QUANTO?): essa coluna nem sempre é utilizada, pois algumas ações não apresentam custo. Nesse caso, também manteremos a estrutura original, pois, juntamente com as ações que envolvem custos, deve ser apresentada uma previsão orçamentária. Vale lembrar que, quando houver desdobramentos da ação, os custos devem ser informados de maneira discriminada.

FONTE: ADAPTADO DE MEIRELES, 2001.

É importante observar que o uso de ferramentas administrativas dissociado de uma cultura adequada não costuma trazer resultados duradouros. Dessa forma, o consultor deve não apenas aplicar as ferramentas, mas também capacitar membros da empresa-cliente visando à continuidade da aplicação destas nos momentos de revisão e readequação dos planos desenvolvidos.

Vale destacar que existem muitas outras ferramentas que podem ser aplicadas durante a construção do Plano de Ação, assim como há também ferramentas que podem auxiliar na etapa anterior, referente ao diagnóstico e ao levantamento de informações. Um bom exemplo é o uso da Metodologia de Análise e Solução de Problemas (Masp), que contempla essas duas fases – de levantamento e de execução – e ainda uma terceira – referente ao controle –, que é construída em oito passos:

- Passo 1 – **Identificação do problema**: definir claramente o problema e reconhecer a sua importância;
- Passo 2 – **Observação**: investigar as características específicas do problema sob vários pontos de vista;
- Passo 3 – **Análise**: descobrir as causas fundamentais;
- Passo 4 – **Plano de Ação**: conceber um plano para bloquear as causas fundamentais;
- Passo 5 – **Ação**: bloquear as causas fundamentais;
- Passo 6 – **Verificação**: averiguar se o bloqueio foi efetivo;
- Passo 7 – **Padronização**: prevenir contra o reaparecimento do problema;
- Passo 8 – **Conclusão**: recapitular todo o processo para um trabalho futuro.

Esses oito passos que compõem a Masp estão apresentados neste livro de maneira bastante sucinta. Lembramos que não é nosso objetivo explorar profundamente essas ferramentas, mas apenas trazê-las ao conhecimento do leitor como referências. São ainda exemplos de ferramentas comuns nas etapas que dizem respeito ao planejamento de ações o diagrama de causa e efeito – ou Ishikawa –, o diagrama de Pareto, os cronogramas, os fluxogramas e os gráficos sequenciais etc.

Quadro 8.3 – Exemplo de planilha 5W2H

Planilha 5W1H	Projeto							
O QUE	POR QUÊ	QUEM			COMO			CRONOGRAMA
Item			Subitem	Quem	Diretriz = Meta + Como	Data Limite		

Fonte: Candeloro, 2009.

(8.3) Definição de indicadores

Todo planejamento é elaborado com base na definição dos grandes objetivos, os quais são elementos que mostram o rumo ou a direção das ações a serem determinadas. Os primeiros teóricos da administração já sinalizavam para isso dentro dos próprios conceitos sobre o que é administrar. Nesse contexto, vale citar Henri Fayol, o fundador da Teoria Clássica, que, há aproximadamente um século, definiu a administração como "o ato de prever, organizar, comandar, coordenar e controlar". Em seguida, autores neoclássicos reafirmaram esse conceito, efetuando alterações apenas na nomenclatura. Para eles, *administrar* é o ato de PLANEJAR, ORGANIZAR, DIRIGIR e CONTROLAR, sendo que essas atividades devem ocorrer nessa mesma ordem (Chiavenato, 2000).

Essas quatro ações são fundamentos ou leis da administração. Dessa forma, se, no ponto de partida, encontramos o planejamento como a função de origem para as demais, podemos dizer que o ciclo gerencial se completa com a função de controle, que nada mais é do que a confrontação daquilo que foi estabelecido no planejamento com o que efetivamente aconteceu.

Um sistema de controle eficaz é aquele que informa com precisão se as atividades estão sendo realizadas de uma forma que conduzam aos objetivos organizacionais da empresa. Além disso, esse sistema de controle deve facilitar o desenvolvimento correto das atividades e, para que isso ocorra, exige-se de todos os departamentos da organização um monitoramento e uma avaliação permanente das atividades. Essa avaliação, por sua vez, representa a existência de um processo cíclico que, no caso do princípio do controle, possui quatro fases:

- 1ª FASE – **Estabelecimento de padrões ou critérios**: nessa etapa são determinados os balizadores para o que deve ser feito e para o que precisa ser alcançado.
- 2ª FASE – **Observação e desempenho**: verificação do desempenho ou resultado por meio da busca de informações precisas sobre a operação.
- 3ª FASE – **Comparação do desempenho com o padrão estabelecido**: etapa em que se verifica a variação que está ocorrendo entre o que se planejou e o que efetivamente está sendo realizado. Além disso, devem ser estabelecidos limites para as variações, sendo que aquilo que ultrapassar esses limites deverá ser alvo de uma investigação mais acurada.

- 4ª FASE – **Ação corretiva**: consiste no realinhamento das atividades que apresentam resultados fora dos padrões estabelecidos. Busca-se, nessa última etapa, corrigir as operações de acordo com o planejamento inicial.

FONTE: MEIRELES, 2001.

É intrínseco a todo processo de controle, portanto, a correta definição dos padrões ou resultados desejados. Assim como os planos ocorrem em diferentes níveis e extensão de tempo, o controle também precisa existir tanto no nível operacional quanto nos níveis gerenciais e estratégicos. Nesses três níveis, devem ser dimensionados os resultados esperados, ou, em outras palavras, os indicadores de desempenho.

O século XXI tem como uma das principais características a grande quantidade de informações disponíveis. Se, por um lado, isso denota a importância que está sendo dada à observância dos dados como elementos do processo de análise e desenvolvimento, por outro, representa a necessidade de um bom sistema de gerenciamento de informações dentro das empresas. Como o controle é uma função essencial, para que ele funcione de forma eficaz é indispensável a existência de um sistema ágil e preciso, que monitore, compare, gerencie e emita relatórios ou pareceres sobre as ocorrências incomuns ou fora do previsto com base nas informações disponíveis.

É importante destacar que o sistema de informações gerenciais é uma das áreas que mais tem despertado a atenção de empresários e consultores, justamente por constituir-se na fonte das informações que irão levar às frequentes tomadas de decisões a que os executivos se submetem. Nesse sistema, relatórios confiáveis só serão possíveis se houver uma alimentação correta de dados. Os indicadores de desempenho estabelecidos são, então, os elementos iniciais de alimentação do sistema de informação.

Além de sinalizarem eventuais desvios nos planos originalmente traçados, os indicadores podem exercer um papel preventivo na gestão dos negócios, até porque a atenção em relação às informações normalmente se concentram nos clientes, nos processos, nos colaboradores e na condição financeira da empresa.

Uma teoria muito próxima dessa questão é apresentada por Kaplan e Norton (2000) por intermédio de um referencial de análise denominado *BSC* ou *Balanced Scorecard*. Segundo os autores, o BSC oferece a possibilidade de criação de valor para as empresas sob quatro diferentes perspectivas. A primeira é a financeira, que representa a estratégia de crescimento, de rentabilidade e de risco por meio da perspectiva do acionista. A segunda envolve a estratégia de criação de valor e diferenciais sob a perspectiva do cliente. A terceira refere-se às estratégias de processos de negócios que geram satisfação em clientes e acionistas, e a quarta, às estratégias para a criação de um ambiente propício à mudança organizacional, ao crescimento e à inovação.

A estrutura do *Balanced Scorecard* também estabelece que sejam dimensionados indicadores para cada uma das quatro perspectivas. No âmbito da perspectiva financeira, por exemplo, surgem indicadores em torno da evolução da receita, da redução de custos, da utilização de ativos e das estratégias de investimentos. Na segunda perspectiva – a dos clientes –, é possível trabalhar com indicadores que estabelecem o nível de satisfação e de fidelização dos clientes e de participação nos mercados, bem como os números referentes à captação de novos clientes. São exemplos da terceira perspectiva os processos internos e os indicadores de inovação, de desenvolvimento de produtos e de processos produtivos e de comercialização em geral. A quarta perspectiva, por sua vez, pode determinar, entre tantos outros, os indicadores relativos à satisfação, à rotatividade e aos programas de treinamento dos colaboradores da organização.

Esse é, sem dúvida, um dos modelos mais abrangentes em termos de gestão da informação e monitoramento de indicadores, pois oferece um tratamento diferenciado aos processos críticos da gestão empresarial. Dessa forma, pela amplitude e complexidade desse modelo, é fundamental que o consultor o conheça suficientemente.

Nesse contexto, é válido salientar que o entendimento de alguns modelos ou sistemas de gerenciamento das informações é importante para que o consultor estabeleça qual a forma e quais indicadores serão utilizados para monitorar os planos traçados.

No entanto, devemos lembrar que, independente dos planos priorizados nas reuniões entre os diretores e o consultor e da consequente determinação dos indicadores de desempenho para eles, a tarefa de avaliar o próprio sistema de informações gerenciais da empresa já deve ter sido realizada na etapa do diagnóstico. Dessa forma, é possível aceitar a possibilidade de ação referente à reestruturação do sistema de informações, encaminhada pelo grupo de tomada de decisão.

Vale ressaltar, em concordância com Laudon (2004), que, durante a etapa da análise e da investigação do sistema de informação, o consultor deve selecionar uma grande amostra de gerentes, no caso de grandes empresas, e perguntar a eles "como usam a informação, onde a obtêm, como são seus ambientes, quais são seus objetivos, como tomam decisões e quais são suas necessidades de dados". Caso esse processo não esteja se mostrando eficaz, o Plano de Ação poderá estabelecer ações corretivas.

Por fim, é importante que as pessoas que irão trabalhar na medição dos resultados também sejam designadas, bem como é necessário verificar se esse processo ocorrerá em conjunto com o consultor ou não. Nem sempre a relação com esse profissional se estende durante a execução e a verificação dos resultados das propostas ou dos planos aprovados. Em alguns casos, a relação formal entre o consultor e a empresa-cliente se encerra nessa fase. Entretanto, é recomendável, que, mesmo nesses casos, o profissional de consultoria mantenha algum tipo de vínculo com a organização, conforme veremos no capítulo seguinte.

Atividades

1. Para o encaminhamento das ações e a elaboração do projeto de melhorias, é recomendável o uso da matriz GUT e da matriz Basico. O principal benefício que obtemos quando aplicamos essas ferramentas é:
   a. a correta priorização dos problemas e das possíveis soluções, respectivamente.
   b. a correta definição dos responsáveis para cada uma das atividades a serem desenvolvidas.
   c. o dimensionamento dos prazos para a realização das tarefas.
   d. a possibilidade de a empresa conhecer todos os custos envolvidos no projeto de melhorias.
   e. o conhecimento dos objetivos de cada ação do plano proposto por parte de todos os colaboradores da empresa.

2. Além das matrizes mencionadas, são exemplos de ferramentas comuns nas etapas de planejamento de ações:
   a. o Diagrama de causa e efeito – Ishikawa.
   b. o Gráfico de Pareto.
   c. a Masp – Metodologia de análise e solução de problemas.
   d. a Planilha 5W2H.
   e. os fluxogramas e cronogramas.

3. Segundo Kaplan e Norton (2000), autores do *Balanced Scorecard* – ou BSC –, esse modelo de gestão oferece a possibilidade de se criar valor para as empresas sob quatro diferentes perspectivas. São elas:
   a. *o marketing*, a produção, os recursos humanos e as finanças.
   b. o produto, o preço, a praça e a promoção.
   c. a análise, a adaptação, a ativação e a avaliação.
   d. o planejamento, a organização, a direção e o controle.
   e. a financeira, a do cliente, a dos processos internos, a do aprendizado e a do crescimento.

(9)

A relação pós-projeto

O objetivo deste capítulo é proporcionar uma reflexão em torno do momento posterior à realização do projeto de consultoria, ou seja, abordar quais as formas mais comuns e aconselháveis de relacionamento entre o consultor e a empresa-cliente após a conclusão do projeto ou plano de melhorias.

Já vimos que a continuidade do trabalho na etapa da efetiva implementação do plano é relativa, podendo oscilar entre o encerramento da relação – mantendo-se pequenas intervenções quando solicitadas –, uma remuneração renegociada e um envolvimento maior no acompanhamento das ações de melhoria.

Esse envolvimento, certamente, é algo que já deve ter sido definido no período da negociação do serviço de consultoria. Por isso, analisaremos apenas as diferentes possibilidades envolvendo a relação consultor-empresa. Outra abordagem diz respeito a uma dúvida quanto à responsabilidade sobre os resultados da consultoria, um assunto bastante discutível e complexo.

Em um primeiro olhar, podemos concluir que a responsabilidade pelos resultados do serviço de consultoria é do consultor, pois esse profissional foi contratado para resolver determinada situação e apresentar soluções. Se essas soluções não geraram os resultados previstos, podemos supor que elas foram alternativas equivocadas ou mal elaboradas, sendo que esse trabalho de escolha e elaboração é de responsabilidade do consultor. Entretanto, temos que considerar que outras variáveis podem exercer influência sobre os resultados, como veremos adiante.

Para finalizar, faremos algumas considerações sobre o momento posterior ao encerramento do serviço de consultoria. Dessa forma, colocamos a seguinte pergunta: deve existir algum tipo de relacionamento entre o consultor e a empresa-cliente depois que forem concluídas todas as etapas previstas e contratadas? Em caso afirmativo, como deve ser essa relação e que objetivos ela deve ter?

(9.1) A responsabilidade pela implementação dos planos

Mesmo que no plano desenvolvido tenham sido delineados com clareza todos os passos referentes às mudanças sugeridas, com cronogramas que indiquem as pessoas envolvidas, as tarefas a serem desenvolvidas e as datas, bem como os indicadores e os resultados esperados, é comum que o consultor e a empresa tenham definido, já no momento da contratação, a permanência do primeiro pelo menos durante o início da execução do projeto.

A presença do consultor no começo da implementação de ações é importante porque as mudanças começam a ser percebidas pelos colaboradores da organização justamente nesse momento. Como já foi visto, resistir às mudanças é algo natural nos indivíduos. Dessa maneira, o consultor precisa tranquilizar as pessoas e preparar o ambiente para o processo que está prestes a acontecer. Diante disso, é possível que, na fase inicial de implementação, muitos ainda estejam céticos e não possuam iniciativa para assumir as modificações propostas. Além disso, podem existir agravantes, como o fato de o plano prever o desligamento de algumas pessoas ou mesmo redefinir funções e processos, por exemplo.

O consultor é o agente que foi contratado para promover mudanças. Essas mudanças, por sua vez, irão acarretar novidades para setores, processos ou para a empresa como um todo. Conscientizar as pessoas acerca da necessidade de se promover mudanças é um trabalho que precisa ser feito *in loco*[a] e na medida em que elas vão acontecendo, pois só assim podemos enxergar aqueles que são favoráveis às mudanças e que possuem espírito de colaboração, bem como os profissionais que se mostram reticentes.

Então, uma possibilidade que se aventa é a permanência do consultor na empresa por um determinado período de tempo, sendo ele o principal responsável pela implementação dos planos aprovados pelo menos durante o período em que estiver presente. Haverá, certamente, uma dificuldade em se mensurar esse tempo. Por isso, recomendamos que, entre as diferentes etapas e ações a serem implementadas, sejam selecionadas aquelas que exigirão que o consultor ainda esteja presente no local. Assim, por meio dos próprios prazos estabelecidos no cronograma, é possível descobrir o período em que o consultor estará atuando na empresa.

É igualmente necessário que, nesse período acordado, o consultor prepare os colaboradores da empresa-cliente em todos os níveis para que eles assumam o comando das ações e a responsabilidade pela sequência do trabalho. É por esse motivo que a **definição correta das funções, das atividades e das responsabilidades de setores, departamentos e colaboradores passa a ser o elemento-chave do planejamento**. Essa pode não ser uma responsabilidade do consultor explicitada em contrato, mas é uma atitude saudável e recomendável, pois o sucesso do processo de mudança na empresa representa também o sucesso no trabalho de consultoria desenvolvido. Isso justifica a postura e a atitude do consultor no que diz respeito a fazer com que os novos comportamentos sejam incorporados pelos indivíduos da organização, o que pode ser decisivo para o sucesso na adoção de medidas e de ações de médio e longo prazo.

Outra hipótese, considerando que o projeto de melhoria é um documento que inclui ações de curto, médio e longo prazo, é a do consultor ser contratado por tempo indeterminado para realizar o acompanhamento de algumas etapas das **fases de implementação**. Essa modalidade prevê um determinado número de horas de atuação por mês ou por semana, mas sem uma data específica para o encerramento do vínculo. Nada impede, no entanto, que se estabeleça um tempo limite, sendo que, com isso, voltamos a recorrer ao projeto de melhorias e ao seu cronograma, que será a referência para essas horas de atuação.

---

a. De acordo com o Dicionário Houaiss da língua portuguesa, a expressão *in loco* significa "no próprio local" (Houaiss; Villar, 2009).

Além disso, uma terceira possibilidade, se analisarmos os interesses da empresa-cliente, pode ser a contratação do consultor para a integral implementação do projeto de melhoria. Nesse caso a empresa-cliente deposita ampla confiança no consultor. Por outro lado, ela está atestando a sua incapacidade de lidar com o processo de mudança com os seus próprios recursos e, principalmente, com o seu modelo de gestão. O consultor precisa atentar para esse aspecto, pois um de seus papéis mais importantes é capacitar os gestores e colaboradores a assumirem as responsabilidades e ações durante os processos de evolução da organização. Mesmo que o consultor firme o contrato nessas condições, por uma questão de ética e profissionalismo, ele, além do acompanhamento e da participação na implementação do projeto, deve provocar mudanças de comportamento nos membros da empresa, capacitando-os para que eles assumam a posição de GESTORES DA MUDANÇA. Esse é, sem dúvida, o elemento principal no momento de conclusão do trabalho contratado. O consultor deve oferecer à empresa-cliente instrumental para esta seguir avaliando suas forças e debilidades organizacionais, como um trabalho de contínua investigação e diagnóstico, assim como também entregar as ferramentas de planejamento e implementação de quaisquer ações para os momentos futuros.

O consultor deve "energizar" toda a força de trabalho da empresa. Dessa forma, um processo de mudança planejado, verdadeiro e sustentado deve passar a ser uma responsabilidade da empresa-cliente, e não do consultor. É imprescindível transferir essa responsabilidade, englobando todos os níveis das organizações. Com a dinamização do processo, todos os colaboradores estarão dispostos a conquistar novas etapas referentes ao crescimento e ao desenvolvimento da empresa, não sentindo mais falta da figura do consultor.

Apesar disso, muitos podem pensar que, ao agir dessa forma, o consultor estará encurtando o seu tempo de atuação na empresa, eliminando a possibilidade de obter maiores ganhos. Diante disso, devemos lembrar mais uma vez da questão ética. Nesse contexto, precisamos refletir também sobre o fato de que, agindo dessa forma, o consultor estará gerando um elevado grau de satisfação à empresa-cliente e, como um cliente satisfeito é o caminho mais curto para outro cliente, certamente esse profissional estará garantindo novos e bons negócios no futuro.

(9.2) A responsabilidade pelos resultados

Como observamos anteriormente, é de se prever que a responsabilidade pelos resultados do serviço de consultoria seja do consultor, pois ele foi contratado para resolver determinada situação, apresentando soluções. Se essas soluções atingiram ou não os resultados previstos, isso significa que o trabalho de consultoria foi eficaz ou não. Por outro lado, se os resultados ficaram aquém do estabelecido, possivelmente as análises e as alternativas apresentadas foram equivocadas ou mal elaboradas, ou seja, o trabalho do consultor não atingiu os objetivos esperados. No entanto, não podemos ser simplistas a esse ponto, primeiro porque associar responsabilidade e resultados provavelmente implica imputar sanções em caso de perdas e benefícios em caso de ganhos extras. Nesse contexto, já vimos que é possível estabelecer um tipo de contrato de consultoria que vincule a remuneração do consultor aos resultados obtidos. Trata-se da CONSULTORIA DE RISCO, que tem se tornado cada vez mais incomum pela incerteza gerada especialmente ao consultor.

Ainda assim, mesmo que seja estabelecida uma relação contratual com condição de risco para o consultor, e este tenha um interesse direto em obter resultados favoráveis em seu trabalho pelo reflexo disso em sua remuneração, a responsabilidade pelos resultados não pode ser atribuída única e exclusivamente ao consultor, pois são muitos os elementos e as variáveis que influenciam nesse processo.

É necessário lembrarmos que o processo de tomada de decisão, conforme observamos no capítulo anterior, é fruto de reuniões de discussão entre o consultor e os gestores da empresa-cliente. Se, por um lado, as decisões são tomadas com base na exposição do diagnóstico e em recomendações promovidas pelo consultor, por outro lado, devemos ter consciência de que a palavra final sempre é do gestor ou do responsável pela empresa. As circunstâncias dessa tomada de decisão podem ser as mais diversas, e, possivelmente, o consultor não conseguirá fazer prevalecer as suas ideias ou sugestões sempre.

São inúmeras as possibilidades de encaminhamento de ações em um processo de tomada de decisão. Não há como ser específico nesse caso e determinar se *A* tem mais ou menos responsabilidade do que *B*. Tudo depende de um conjunto de fatores de influência. Por exemplo: em uma situação hipotética, após o diagnóstico e a construção do Plano de Ação, é firmado um novo contrato entre a empresa-cliente e o consultor, e este, mesmo que temporariamente, passa a exercer uma função executiva em relação à implementação do Plano de Ação. Nesse caso, recai sobre o consultor a responsabilidade pelos resultados.

No exemplo citado, entretanto, o consultor pode não ter recebido as condições necessárias para a execução do que foi planejado. Por outro lado, mesmo que o consultor esteja ocupando uma função executiva, seu poder pode ser questionado e a adesão dos colaboradores aos novos métodos ou processos não ser a esperada. Outro exemplo que exime a responsabilidade do consultor sobre os resultados é quando os tomadores de decisão, mesmo que seguindo as informações levantadas pelo consultor na fase do diagnóstico, encaminham mudanças diferentes das sugeridas pelo consultor.

Esses exemplos trazem o entendimento de que, apesar de os resultados serem oriundos de um projeto de melhorias construído com base nas ideias e no trabalho do consultor organizacional, a responsabilidade por esses resultados será, em última análise, dos gestores da organização. São eles que têm o poder da tomada de decisão, pois recebem o diagnóstico e discutem a adoção de novas estratégias e procedimentos. Além disso, avaliam e escolhem entre alternativas possíveis, e se porventura entenderem que nenhum dos caminhos sugeridos representa a solução esperada ou desejada, os gestores possuem total autonomia para abortar o trabalho ou estabelecer outro rumo.

Esse é um forte argumento, se não o principal, que isenta do consultor a responsabilidade sobre os resultados do trabalho. Mas vale frisar novamente: são muitos os fatores e as variáveis que interferem no processo de desenvolvimento e implementação de um plano. Por mais que esteja clara a ideia de isenção de responsabilidade por parte do consultor, se visualizarmos uma situação real em que não houve êxito no trabalho, não devemos nos surpreender se o gestor da empresa apontar o consultor ou a empresa de consultoria como a responsável pelo fracasso.

Dessa forma, a certeza que fica é, novamente, a de que um trabalho, eficiente e, principalmente, eficaz, evitará essa preocupação com a responsabilização pelos resultados, além de fortalecer e alavancar a imagem do consultor no mercado.

(9.3) O relacionamento após a conclusão do trabalho

Quando se encerra o trabalho de consultoria, podemos imaginar que o consultor já deve estar com um novo trabalho em desenvolvimento ou em vias de ser realizado. Dessa maneira, conforme o envolvimento desse profissional for aumentando devido ao trabalho em outras empresas, a tendência é ocorrer um afastamento natural da empresa em que a atividade de consultoria já tiver sido concluída.

Como em qualquer tipo de relacionamento que ocorre em função de um objetivo específico, quando este é satisfeito ou alcançado, a tendência é a separação das partes envolvidas. Assim, cada uma seguirá determinado rumo. Isso é o que ocorre com a grande maioria dos relacionamentos, inclusive com os de ordem pessoal. Quando no relacionamento de um casal já não há mais comunhão de objetivos, ou seja, os objetivos de um não coincidem mais com os do outro, o caminho, geralmente, é a separação ou o divórcio. Quando na relação profissional entre o empregador e o empregado já não existe mais o comprometimento necessário e os objetivos pessoais conflitam com os objetivos organizacionais, a ponto de perturbar a relação, a tendência é a rescisão do contrato trabalhista. Da mesma forma, quando os objetivos estabelecidos foram alcançados e não há mais novos desafios ou questões que exijam do consultor um novo trabalho, ocorre o encerramento da relação contratual que estabelece a prestação de serviços de consultoria.

Apesar disso, é aceitável a hipótese de que, mesmo que a relação "formal" tenha sido encerrada, o contato entre a empresa e o consultor continue existindo. Casais separados, principalmente aqueles cujo casamento gerou filhos, que conseguem manter uma relação amigável enfrentam um o novo ritmo ou modo de vida com mais tranquilidade do que se rompessem definitivamente o contato. Os próprios filhos sofrem um impacto menor com uma separação amigável. Em relação ao segundo exemplo, o término de uma relação trabalhista sem traumas, com uma saída que mantém "as portas abertas" da empresa, caso isso seja necessário ou interessante no futuro, é a melhor forma de rescisão. Nesses casos, é comum, inclusive, a empresa oferecer ao empregado uma carta de referência ou recomendação.

No caso do término do contrato do consultor com a empresa-cliente não é diferente. Se o trabalho desenvolvido atingir os objetivos, a relação só será interrompida por não haver mais necessidade da prestação de serviços, mas a porta estará aberta para o caso de surgirem novas oportunidades, o que não deve ser visto como algo raro. Muito pelo contrário, como vimos anteriormente, o papel do consultor nas organizações está ganhando importância, e cada vez mais estão surgindo oportunidades para esse profissional no mercado. Dessa maneira, é de se esperar que uma empresa que tenha obtido êxito em seus propósitos quando contratou determinado consultor ou empresa de consultoria torne a contratá-la diante de novas circunstâncias ou necessidades. A relação futura dependerá fundamentalmente da competência e da qualidade dos serviços prestados. Se os resultados foram satisfatórios para as partes, se os prazos previstos foram respeitados e se as condições contratadas foram cumpridas, o consultor estará saindo da relação com a certeza de que poderá ser procurado para novos serviços a qualquer instante.

Independente dessa condição de excelência na prestação de serviços, para haver a possibilidade de novos contratos também é importante manter um acompanhamento do projeto implementado ou em fase de implementação, mesmo que não exista um vínculo formal e uma remuneração, pois isso demonstra e interesse pelo sucesso do projeto. Além disso, essa atitude mantém "viva" a relação e, além da possibilidade de levar a novos trabalhos, ela representa um auxílio se surgirem dúvidas sobre o projeto em andamento. A preocupação em obter o melhor resultado possível deve existir sempre.

Quando a consultoria é contratada por tempo indeterminado, com remuneração por horas ou por dias de trabalho, e o momento do término do serviço não foi estabelecido, o consultor deve atentar para o momento certo de encerrar a sua participação na empresa. Isso porque é constrangedor a empresa-cliente perceber que não há mais motivos para a continuidade do trabalho e chamar o consultor para rescindir o contrato.

Apesar das dificuldades que envolvem essa situação, já que o profissional recebe uma remuneração enquanto atua na organização, ele deve evitar que a relação entre em um processo de desgaste ou esgotamento (Mocsányi, 2003). Para que não haja esse constrangimento, o consultor, por meio da sua percepção e capacidade de análise, deve saber o momento certo de se esquivar. Dessa forma, esse profissional, tomando a iniciativa de encerrar a sua participação, estará se alinhando à estratégia de manutenção de um bom relacionamento com o cliente, havendo uma grande possibilidade de contratos futuros.

Obviamente que, quando o contrato já prevê o término da prestação do serviço, essa dificuldade não existe, sendo que é exigido apenas que o consultor se mantenha disponível para eventuais dificuldades ou dúvidas em relação ao projeto.

Outra possibilidade nesse momento final do trabalho de consultoria é buscar um desligamento gradativo, que pode ocorrer por intermédio de um contrato de manutenção. Nesse caso, a empresa-cliente e o consultor estabelecem novas condições e, se necessário, formalizam um novo contrato, que irá determinar um número de horas de trabalho e as atividades a serem desenvolvidas.

Diante de todas essas considerações, é importante reforçar nesse final do capítulo que é fundamental para o fortalecimento da carreira do consultor que o momento final do trabalho envolva uma sensação de dever cumprido, tanto por parte do consultor como por parte da empresa-cliente.

Como em qualquer tipo de negócio atualmente, gerar satisfação a todos os envolvidos no processo e exceder as expectativas do cliente são objetivos essenciais para se manter e progredir no mercado de trabalho.

Atividades

1. Discorra sobre a necessidade ou não da presença do consultor na fase de implementação das ações propostas. Justifique o seu posicionamento.
2. A discussão sobre quem é o responsável pelos resultados dos planos implementados é ampla e exige uma análise contextual, pois são muitas as variáveis

que influenciam nos resultados obtidos. Apresente uma situação em que a responsabilidade pelos resultados recai de maneira mais significativa sobre o consultor organizacional.
3. Qual é a atitude recomendável para um consultor no momento do encerramento da sua participação na empresa, com vistas a uma estratégia de manutenção do relacionamento com o cliente e a contratos futuros?

(10)

A experiência Ulbra Gravataí/Sebrae e estudo de caso

Jeferson Luis Lima Cunha

Reservamos para este último capítulo um estudo de caso que possibilitará não apenas a reflexão sobre uma situação real, mas também exercitar a capacidade analítica e criativa de um profissional no exercício da função de consultor.

Antes disto, apresentaremos o relato de uma experiência interessante sobre uma parceria entre o Serviço Brasileiro de Apoio às Micro e Pequenas Empresas (Sebrae) e a Universidade Luterana do Brasil (Ulbra), que foi desenvolvida no município de Gravataí (RS). Por meio de ações simples e objetivas, o projeto conseguiu oferecer um importante serviço de apoio para algumas pequenas empresas da região.

No primeiro semestre de 2006, o curso de administração da Ulbra incluiu na estrutura curricular a disciplina de Consultoria Organizacional, tendo como objetivo geral compreender a dinâmica do processo de consultoria organizacional mediante uma abordagem dupla, que considera o ponto de vista do consultor ou da empresa de consultoria e o da empresa-cliente, que contrata os serviços de consultoria.

Ampliando uma parceria já existente, as duas instituições enxergaram uma oportunidade de unir interesses e potencialidades, criando um projeto que, em pouco tempo, passou a beneficiar um significativo número de pequenas empresas, além de constituir-se em um elemento rico e diferenciado no processo de aprendizagem dos acadêmicos do curso de Administração.

O projeto consistia, basicamente, em oferecer os serviços de consultoria a micro e pequenas empresas cadastradas no Sebrae, por meio de um trabalho desenvolvido por acadêmicos matriculados em Consultoria Organizacional – uma disciplina do oitavo semestre do curso – que eram monitorados e aconselhados pelo professor da cadeira.

O trabalho de consultoria oferecido a cada uma das empresas foi realizado durante um semestre, coincidindo com o período letivo da universidade. Dessa forma, a cada semestre novas empresas eram selecionadas e um novo grupo de "acadêmicos-consultores" era organizado para prestar o serviço.

Vale ressaltar que as empresas eram selecionadas por consultores do Sebrae e pelo professor titular da disciplina, que avaliavam e escolhiam aquelas que melhor se enquadravam em critérios como localização, segmento e porte, entre outros.

No início do semestre, os acadêmicos recebiam uma fundamentação teórica em sala de aula, acompanhada de orientações básicas sobre a prestação de serviços de consultoria. Questões éticas e de postura também foram trabalhadas, de maneira a preparar efetivamente o acadêmico para desempenhar bem a função e garantir o êxito do projeto. Por isso, um *checklist* padrão foi construído em conjunto e, no segundo mês do semestre letivo, os alunos, em grupos de três ou quatro componentes, iniciaram as visitas às empresas selecionadas, realizando os primeiros levantamentos de informações e o diagnóstico inicial.

A partir disso, seguiram-se os encontros na empresa e na universidade, de acordo com um cronograma que foi estabelecido para cada grupo e empresa, considerando o calendário acadêmico e a disponibilidade dos responsáveis pela organização. Nesses encontros, ocorriam discussões e análises eram desenvolvidas, sendo que essas atividades eram sempre monitoradas pelo professor orientador.

As referidas análises originavam o plano ou projeto de melhorias, que, antes de ser entregue para a empresa, passava por uma etapa de "validação". Essa fase consistia em um encontro em que cada grupo fazia uma apresentação do trabalho para o professor e um consultor do Sebrae. Nesse encontro, o projeto era aprovado ou eram recomendados os ajustes necessários antes da entrega definitiva para as empresas.

A entrega ocorria em uma reunião com os responsáveis pela organização, na qual os acadêmicos apresentavam sugestões, justificativas e detalhamentos referentes à implementação do projeto.

O relatório apresentava, além dos elementos pré-textuais, como capa, sumário, apresentação dos acadêmicos/consultores e introdução, o histórico da empresa, a análise, o diagnóstico e as sugestões de melhoria. O grupo de "acadêmicos-consultores", após uma primeira etapa de coleta de informações, estabelecia um processo de análise e busca de alternativas para os problemas evidenciados, apresentando sugestões pertinentes. No relatório, constava ainda uma fundamentação teórica para cada uma das sugestões, o que, sem dúvida, reforçava e aumentava a sua confiabilidade.

Uma das principais constatações resultantes do projeto de consultoria foi a ausência de controles nas empresas de pequeno porte. Invariavelmente, os acadêmicos depararam-se com outras situações, como a utilização do caixa da empresa para uso pessoal, sem que houvesse nenhuma espécie de registro dessas movimentações. Isso provava que atividades básicas de planejamento e controle eram simplesmente ignoradas por um grande número de pequenos empreendedores.

Na mesma linha de observação, foi possível constatar nas diversas experiências ocasionadas pela parceria entre a Ulbra e o Sebrae que problemas de simples resolução passaram despercebidos por aqueles que estavam diariamente na empresa. Por vezes, já no primeiro dia de trabalho dos consultores, eram identificadas falhas graves nas mais diferentes áreas, as quais, uma vez apontadas, surpreenderam os próprios empresários, pois estes não entendiam como não haviam percebido os problemas até então.

De qualquer forma, desejamos que este relato de atividades desenvolvidas entre a Ulbra e o Sebrae possa, de alguma forma, servir de exemplo ou referência para iniciativas semelhantes que, em última análise, poderão auxiliar na redução do indesejável e elevado índice de mortalidade das micro e pequenas empresas no Brasil.

Estudo de caso: Sandálias Kenny

O presente estudo de caso tem como objetivo provocar reflexão acerca de uma situação real e típica do nosso país.

Introdução

Filho de família cearense, que trocou o Nordeste pelo Norte em busca de melhores condições de vida, Francisco Wineton de Sena Rabelo desde os 17 anos procurou ter sua independência financeira. Ainda adolescente, resolveu trabalhar com o pai numa feira livre de Boa Vista, capital de Roraima.

E foi com essa profissão que deu os primeiros passos como empresário, pois em pouco tempo conseguiu dinheiro para comprar os próprios boxes na feira e, assim, administrar sozinho o pequeno empreendimento familiar. No entanto, o trabalho de feirante já não estimulava mais Wineton, que passou a procurar outros ramos para investir seu dinheiro e seu entusiasmo.

Em 1994, quando visitava sua família no Ceará, conheceu uma fábrica de sandálias de um tio e logo pensou em implantar uma empresa semelhante em Roraima. No primeiro momento ele fez uma compra de 120 pares para verificar a aceitação do produto no mercado roraimense. Com o sucesso das primeiras vendas, agora ele tinha de aprender a fabricar a sandália e, principalmente, conseguir recursos para montar a fábrica.

A oportunidade

O Estado de Roraima, localizado no extremo norte do Brasil, faz fronteira com os países Venezuela e Guiana Inglesa. Sua população é de aproximadamente 324 mil habitantes, conforme último censo de 2000, e a capital, Boa Vista, concentra quase 62% da população. O setor público sempre foi a "locomotiva" do desenvolvimento da economia de Roraima. Houve, no entanto, um período em que toda a movimentação econômica e cultural tinha relação direta com a atividade garimpeira, que começou em 1983 e cujo auge e decadência aconteceu [sic] entre 1987 e 1990, respectivamente.

Conforme informações do chefe de pesquisa do IBGE em Roraima, Vicente de Paula Joaquim, o início da década de 1990 foi considerado o **período de transição entre a crise econômica com o fim da garimpagem** e o início de uma nova etapa, em que o Estado voltava a "puxar" a economia por força de sua reestruturação e aparelhamento após deixar de ser território. Entre 1993 e 1994, Roraima começa a dar os primeiros passos rumo ao estabelecimento econômico. A última metade da década de 1990 é considerada o período de definição tecnológica.

E foi em meio a esse contexto que o ex-feirante Francisco Wineton, mais conhecido como Neto, decidiu tornar-se fabricante de sandálias. Para conseguir isso foi preciso muita determinação para montar a fábrica no fundo do quintal de sua casa.

Até 1994, nenhuma fábrica havia se instalado em Roraima para produzir qualquer tipo de calçado, nem mesmo a do estilo surfe, que era a que Neto pretendia vender. Essa situação motivava ainda mais o empresário, pois até então todos os produtos consumidos no Estado eram de marcas famosas e provenientes de outros Estados, o que encarecia o preço das sandálias.

Inicialmente – após decidir que se tornaria fabricante de sandálias –, Wineton retornou ao Ceará para aprender com o tio como fabricar o produto. Um mês depois, ele já tinha todos os conhecimentos necessários para iniciar a atividade. Era preciso conseguir os recursos para a compra dos primeiros equipamentos e da matéria-prima.

A fábrica Sandálias Kenny: dificuldades iniciais

Depois de treinado e determinado a montar a fábrica de sandálias, Wineton foi atrás de recursos financeiros com um dos irmãos e o tio que fabricava sandálias no Ceará. Além dessa ajuda dos familiares, juntou a quantia que conseguiu com a venda do carro e da motocicleta, reunindo um montante em torno de R$ 15 mil. Esse dinheiro serviu para a compra das primeiras máquinas semi-industriais e da matéria-prima, que ele comprava pessoalmente em Manaus, capital do Amazonas, Estado vizinho de Roraima. Ele lembra que na primeira produção de sandálias era [sic] apenas ele, um ajudante e a esposa trabalhando na fábrica. A esposa de Wineton estava grávida do segundo filho e por várias noites chegou a ficar com os tornozelos inchados de tanto utilizar a máquina de costura.

Apesar das dificuldades iniciais, no ano seguinte (1995), a fábrica Sandálias Kenny já estava com sua primeira produção pronta para ser comercializada. O produto foi vendido para supermercados do centro da cidade e também para os supermercados e mercearias da periferia de Boa Vista. A produção inicial da fábrica era de aproximadamente 150 pares de sandálias por semana. A principal dificuldade naquele momento era aumentar as vendas, pois Wineton ainda não tinha uma pessoa trabalhando especificamente na área de comercialização. Ele mesmo era quem trabalhava tanto na linha de produção como nas vendas do produto.

Wineton decidiu então que se dedicaria à produção das sandálias, investindo na qualidade do produto, e contrataria uma pessoa para cuidar das vendas. No entanto, o funcionário contratado para as vendas roubava parte do dinheiro que recebia dos clientes, o que acabou prejudicando a empresa, deixando-a com uma dívida que a impedia de seguir suas atividades. Foi quando decidiu fechar as portas da empresa por quase um ano e buscar alternativas para pagar as dívidas.

O retorno da fabricação
Para retomar a fabricação de sandálias, Wineton teve de contar novamente com a ajuda da família. Dessa vez foi uma irmã que emprestou dinheiro. Além disso, vendeu os boxes na feira dos quais ainda era proprietário e um freezer para quitar as dívidas. Nesse momento de dificuldade para reerguer a fábrica, o empresário também contou com a parceria de um de seus fornecedores. "Como já havia me tornado cliente fiel, um fornecedor de Manaus me fez uma proposta de conceder um crédito de R$ 500,00, que ainda podia ser pago de forma parcelada, e eu não precisava mais fazer as compras pessoalmente, o que diminuiria os gastos com passagem", lembra ele.

Portanto, com mais essa fonte de crédito, o empresário tinha condições de retomar a atividade. Ele voltou ao trabalho pensando em aumentar a produção, ampliar a fábrica e trabalhar para melhorar a qualidade de seu produto.

O primeiro financiamento
A fábrica até então funcionava em uma área de 16 metros quadrados, espaço já considerado pequeno para suportar o volume de produção que o empresário desejava fabricar. O empresário então procurou o Sebrae/RR em busca de orientação sobre as linhas de financiamento existentes. Por intermédio do Sebrae foi elaborado o primeiro projeto de financiamento para a fábrica de sandálias. Como garantia, o empresário apresentou o imóvel onde funcionava a fábrica, as máquinas que já possuía, além do Sebrae que o apoiou com a outra parte da garantia.

Depois de seis meses aguardando, ele obteve a liberação de um financiamento da ordem de R$ 16 mil no final de 2001, por meio do Banco da Amazônia. Com esses recursos, passou a adquirir as borrachas para a fabricação das sandálias diretamente da fábrica, diminuindo assim o custo com a compra através de revendedores.

O dinheiro serviu ainda para a aquisição de uma máquina de costura industrial, que permitiu um melhor acabamento para o produto. Além disso, houve a ampliação do espaço físico da fábrica para 260 m². Com esses investimentos, a produção semanal saltou de 400 pares para aproximadamente 1,2 mil pares. Para retomar as vendas, o empresário voltou a se responsabilizar pela área de comercialização do produto até contratar um novo profissional.

Segundo ele, não foi difícil retomar as vendas porque os donos de supermercados já conheciam as sandálias Kenny. A novidade dessa vez foi a contratação de um promotor de vendas para acompanhar a reposição e arranjo das sandálias nos mostradores espalhados pelos estabelecimentos comerciais onde o produto era vendido. Essa medida levou a empresa a um aumento nas vendas de 20%. Mas todas essas conquistas não foram suficientes para deixar o empreendedor tranquilo com o que já tinha.

Ao quitar o primeiro financiamento antes do prazo, foi em busca de mais um projeto para a construção de um novo parque de produção de 826 m², aquisição de equipamentos automatizados e de uma nova matéria-prima denominada *borracha soft*, que diversificaria os produtos oferecidos pela fábrica. Com esse investimento pretendia ainda aumentar sua produção de sandálias para 1,5 mil pares por semana, contratar mais duas pessoas e melhorar o local de atendimento.

Retração na demanda

No entanto, apesar dos esforços para melhorar seu parque fabril, a economia de Roraima apresentava sinais de retração na demanda no final de 2003, o que impediu o empresário de expandir seu negócio.

Como acontece na maioria dos Estados da região Norte, também em Roraima o poder público é o principal empregador e isso afeta fortemente o mercado de consumo com suas ações. A crise econômica nessa época aconteceu devido a algumas medidas adotadas pelo governo para adequar o quadro do funcionalismo às exigências legais. Pressionado pelo Ministério Público Estadual, o Estado de Roraima foi obrigado a regularizar a situação do seu quadro de funcionários, que desde 1991 – quando deixou efetivamente de ser território e já tinha seu primeiro governador eleito – deveria ter sido contratado por concurso público. Com a realização do concurso público houve um redimensionamento no quadro de pessoal do Estado, que culminou com a redução de cerca de 30% do seu efetivo, levando à demissão de aproximadamente 14 mil funcionários.

Esse fato desencadeou uma crise econômica no Estado, nunca vista desde o fechamento do garimpo, no início da década de 1990. Para superar essa crise, o empresário passou a buscar novos mercados. Nenhuma oportunidade que aparecia ele desperdiçava. Foi assim quando o Sebrae/RR o convidou para participar da Feira do Empreendedor no Estado de Rondônia. Durante a feira, Wineton aproveitou para conhecer as oportunidades de mercado e os produtos dos concorrentes. Descobriu que todas as sandálias vendidas em Rondônia eram de empresas do Sul e Sudeste do Brasil. Ele lembra que durante a feira fez contato com **mais de 20 representantes comerciais para vender o produto Kenny em outros Estados do Norte, começando pelo Acre e Rondônia.**

Além desses contatos na feira, o empresário passou a pesquisar pre**ços de produtos semelhantes aos de sua linha de produtos no país vizinho a [sic] Roraima, a Guiana Inglesa. De acordo com Wineton, até o final de 2004 ele estará não só comercializando a sandália Kenny para dois Estados do Norte, como também exportando para a Guiana Inglesa. De um número reduzido de três pessoas para realizar a primeira produção de sandálias, hoje a empresa emprega nove pessoas com perspectivas de aumentar para 12 até o final de 2004.**

Fonte: Sampaio, 2004.

Atividades

1. Na condição de consultor de empresas, que recomendações você faria a empreendedores como Wineton antes de iniciarem um negócio?
2. "Quem compra não paga, e quem vende não recebe". A que princípio administrativo esse adágio popular corresponde? Considerando a trajetória profissional de Wineton, que problema poderia ter sido evitado?
3. Descreva e avalie as alternativas estratégicas para o enfretamento de uma retração da demanda dos produtos de Wineton.

Considerações finais

O mundo, que está em constante processo de desenvolvimento e mudanças, nunca viveu um momento como este. As transformações que presenciamos atualmente trazem em seu âmago uma característica adicional se comparadas a épocas anteriores. Trata-se da velocidade de aquisição e transmissão do conhecimento. Nunca o homem teve a seu dispor, de maneira praticamente instantânea, tantas e tão completas informações sobre qualquer assunto. Sem dúvida, a era que se iniciou a partir do surgimento da informática e, mais especificamente, da rede mundial de computadores, tem promovido uma disseminação de informações e de consequentes mudanças nos hábitos dos indivíduos, nas estruturas organizacionais e na sociedade como um todo. Concomitantemente, outros fatores também têm estabelecido grandes mudanças. São eles a globalização dos mercados, a queda de barreiras e a unificação de economias, que estabelecem condições novas e desafiadoras para o mundo todo.

Nesse quadro de veloz evolução, cercado de incertezas e desafios, o papel do consultor organizacional ganha contornos especiais, pois sobre ele recai a responsabilidade de melhorar o entendimento e a leitura de diversos cenários, de dominar novas técnicas e metodologias e, naturalmente, de adquirir conhecimentos apropriados para as necessidades empresariais.

Isso porque a tecnologia da informação está definitivamente incorporada como uma das funções principais dentro das empresas, sendo um elemento decisivo para uma postura empresarial competitiva. Não há como crescer e sequer permanecer no mercado, seja ele qual for, se a empresa não possuir um sistema de monitoramento e gerenciamento das informações eficiente.

Sob esse aspecto, a atuação do consultor deve estar absolutamente vinculada ao conhecimento e ao uso de técnicas de gerenciamento da informação. Atentar para a evolução e para novos sistemas que surgem no mercado é, portanto, uma responsabilidade obrigatória para qualquer profissional de consultoria.

Estando devidamente atualizados, os consultores podem tanto orientar as empresas cujo modelo de gestão esteja defasado, como avaliar aquelas que, por mais que possuam bons sistemas de gerenciamento de informações, não estejam utilizando os seus recursos ou que estejam utilizando-os de maneira incorreta.

Por mais que atuar nesse ambiente de desafios cotidianos e de cenários de mudanças pareça assustador, os consultores que já estão ou que pretendem iniciar nessa atividade sabem que, ao mesmo tempo, eles são vistos como profissionais de exceção. Isso porque nos consultores reside a competência necessária para conduzir as empresas do mundo contemporâneo em direção à excelência organizacional.

Referências

AMBRÓSIO, V. *Planos de marketing*: passo a passo. São Paulo: Pearson Prentice Hall, 2007.

AMERICAN MARKETING ASSOCIATION. Marketing Power. Disponível em: <http://www.marketingpower.com>. Acesso em: 20 jun. 2009.

BASTOS, M. I. P. L. *O direito e o avesso da consultoria*. São Paulo: Makron Books, 1999.

BLOCK, P. *Consultoria*: o desafio da liberdade. São Paulo: Makron Books, 1991.

____, ____. São Paulo: Makron Books, 2001.

CALLIGARIS, C. *Portfólio digital*. Webinsider. 2005. Disponível em: <http://webinsider.uol.com.br/index.php/2005/03/03/portfólio-digital>. Acesso em: 05 dez. 2008.

CANDELORO, R. *Matriz de priorização*. Administradores – O Portal da Administração. 2009. Disponível em: <http://new.administradores.com.br/informe-se/artigos/matriz-de-priorizacao/25080>. Acesso em: 29 jul. 2011.

CARAVANTES, G. R. *Administração*: teorias e processos. São Paulo: Pearson Prentice Hall, 2005.

CHIAVENATO, I. *Gestão de pessoas*: o novo papel dos recursos humanos na organização. Rio de Janeiro: Elsevier, 2004.

____. *Introdução à teoria geral da administração*. Rio de Janeiro: Campus, 2000.

____. *Treinamento e desenvolvimento de recursos humanos*: como incrementar talentos na empresa. São Paulo: Atlas, 2007.

CONNOR, D.; DAVIDSON, J. P. *Marketing de serviços profissionais e de consultoria*. São Paulo: Makron Books, 1993.

COVEY, S. R. *O 8º hábito*: da eficácia à grandeza. Rio de Janeiro: Elsevier; São Paulo: Frankley Covey, 2005.

CRUZ, T. *Sistemas, organização e métodos*: estudo integrado das novas tecnologias da informação. São Paulo: Atlas, 1997.

DONADONE, J. C. O mercado internacional de consultorias nas últimas décadas: crescimento, diversificação e formas de disputa. *Caderno de Pesquisas em Administração*, São Paulo, v. 10, n. 2, p. 3, abr./jun. 2003.

ELTZ, F.; VEIT, M. *Consultoria interna*. Salvador: Casa da Qualidade, 1999.

FERNANDES, B. H. R. *Competências e desempenho organizacional*: o que há além do Balanced Scorecard. São Paulo: Saraiva, 2006.

FUOCO, L. Seu ambiente de trabalho está doente? *Revista Vida Executiva*. Disponível em: <http://revistavidaexecutiva.uol.com.br/Edicoes/39/artigo58484-1.asp>. Acesso em: 6 fev. 2009.

HOOLEY, G. J.; SAUNDERS, J. A.; PIERCY, N. F. *Estratégia de marketing e posicionamento competitivo*. São Paulo: Pearson Prentice Hall, 2005.

HOUAISS, A.; VILLAR. *Dicionário Houaiss da língua portuguesa*. Versão 3.0. Rio de Janeiro: Objetiva, 2009. 1 CD-ROM.

IANINI, P. P. *Cliente e consultor*: uma parceria para o desenvolvimento organizacional. Niterói: Eduff, 1996.

IBCO – Instituto Brasileiro de Consultores de Organização. Disponível em: <http://www.ibco.org.br>. Acesso em: 15 mar. 2009.

KANAANE, R. *Comportamento humano nas organizações*: o homem rumo ao século XXI. 2. ed. São Paulo: Atlas, 1999. p. 40.

KAPLAN, R. S.; NORTON, D. P. *Organização orientada para a estratégia*: como as empresas que adotam o balanced scorecard prosperam no novo ambiente de negócios. 2. ed. Rio de Janeiro: Campus, 2000. p. 33-34.

KOTLER, P. *Administração de marketing*: a edição do novo milênio. São Paulo: Prentice Hall, 2000.

LAUDON, K. C. *Sistemas de informação gerenciais*: administrando a empresa digital. São Paulo: Prentice Hall, 2004.

MAXIMIANO, A. C. A. *Administração para empreendedores*: fundamentos da criação e da gestão de novos negócios. São Paulo: Pearson Prentice Hall, 2006.

MEGGINSON, L. C.; MOSLEY, D. C.; PIETRI JUNIOR, P. H. *Administração*: conceitos e aplicações. São Paulo: Harbra, 1998. p. 433.

MEIRELES, M. *Ferramentas administrativas para indicar, observar e analisar problemas*. São Paulo: Arte & Ciência, 2001. v. 2.

MITTELSTAEDT JUNIOR, R. E. *Seu próximo erro será fatal?* Os equívocos que podem destruir uma organização. Porto Alegre: Bookman, 2006.

MOCSÁNYI, D. C. *Consultoria*: o caminho das pedras – Trabalhando na "era do não emprego". São Paulo: Central de Negócios em RH Editora e Marketing, 2003.

OLIVEIRA, D. de P. R. de. *Manual de consultoria empresarial*. 5. ed. São Paulo: Atlas, 2004.

PICARELLI, V. *Manual de gestão de pessoas e equipes*: estratégias e tendências. São Paulo: Gente, 2002.

PIERRY, F. *Seleção por competências*: o processo de identificação de competências individuais para recrutamento, seleção e desenvolvimento de pessoal. São Paulo: Vetor, 2006.

PROENÇA, A. Dinâmica estratégica sob uma perspectiva analítica: refinando o entendimento gerencial. *Arché Interdisciplinar*, Rio de Janeiro, ano VIII, n. 23, 1999.

ROBBINS, S. P.; DECENZO, D. A. *Fundamentos de administração*: conceitos essenciais e aplicações. São Paulo: Prentice Hall, 2004.

SAMPAIO, A. Fábrica de sandálias Kenny. In: DUARTE, R. B. de A. (Org.). *Histórias de sucesso*: experiências empreendedoras. Brasília: Sebrae, 2004. v. 2: Agronegócios e extrativismo, indústria, comércio e serviço. Disponível em: <http://www.casosdesucesso.sebrae.com.br/include/arquivo.aspx/119.pdf>. Acesso em: 10 mar. 2009.

SILVEIRA BUENO, F. da. *Minidicionário da língua portuguesa*. São Paulo: FTD, 1996.

WELCH, J.; WELCH, S. *Paixão por vencer*. Rio de Janeiro: Elsevier, 2005.

Gabarito

Capítulo 1

1. As ferramentas são os CCQs (Círculos de Controle de Qualidade), o TQM (Total Quality Management), o Kaizen, a reengenharia e o *downsizing*, que promovem um redesenho organizacional por meio da redução dos níveis hierárquicos, dos desperdícios e da melhoria de processos.
2. A transição de uma posição de correção de problemas operacionais para uma posição de estrategista e gestor de mudanças.
3. O consultor não tem controle direto da situação porque cabe ao executivo da empresa a responsabilidade pela implementação ou não do projeto.

Capítulo 2

1. d
2. Significa que o consultor deve compartilhar o conhecimento que possui, oferecendo à empresa condições de sustentação e continuidade dos serviços.
3. b

Capítulo 3

1. a
2. Esse modelo apresenta um custo reduzido dos serviços devido ao fato de a estruturação geral da metodologia já ter sido determinada anteriormente.
3. e

Capítulo 4

1. d
2. c
3. c

Capítulo 5
1 a; e
2 b; d; e
3 c

Capítulo 6

1 Apresentar referências dos principais trabalhos anteriores; utilizar *links* como alternativa para trabalhos menos importantes, oferecendo oportunidade de análise se houver interesse; e ser absolutamente verdadeiro, pois informações inverídicas no momento do contato pessoal poderão inviabilizar a negociação.
2 Como forma de intimidação, ele pode deixar o consultor "mofar" na sala de espera. Além disso, ele pode debochar, passando a ideia de que está apenas "brincando", desmerecendo o profissional principalmente quando está diante de outras pessoas. Ele também pode impedir que o consultor fale, alegando que já sabe o que este vai falar, o que não é verdade.
3 Essas questões dizem respeito a como será o envolvimento da alta gerência; quem prestará as informações por parte da empresa-cliente; como o consultor terá acesso ao sistema de informações; que colaboradores da empresa-cliente estarão envolvidos na consultoria e por quanto tempo; como será efetuado o pagamento do serviço oferecido; e, por fim, em quanto tempo o trabalho, como um todo, deverá acontecer.

Capítulo 7

1 Trata-se da matriz SWOT (*strengths, weaknesses, opportunities, threats*).

2 Porque é uma forma de se organizar e ordenar as questões para uma posterior análise, o que auxilia na coleta de informações. Dessa forma, o *checklist* evita que alguma área ou assunto seja esquecido ou que informações sejam levantadas mais de uma vez.
3 a; b; c

Capítulo 8
1 a
2 a; b; c; d; e
3 e

Capítulo 9

1 Resposta de ordem pessoal, que deve contribuir para debates.
2 Após o diagnóstico e a construção do Plano de Ação, é firmado um novo contrato entre a empresa-cliente e o consultor, e este, mesmo que temporariamente, passa a exercer uma função executiva em relação à implementação do referido plano.
3 Realizar um acompanhamento do projeto implementado ou em fase de implementação, mesmo que sem um vínculo formal e remuneração, pois isso demonstra interesse pelo sucesso do projeto.

Capítulo 10

Todas as respostas são de ordem pessoal e devem contribuir para debates sobre o estudo de caso.

Os papéis utilizados neste livro, certificados por instituições ambientais competentes, são recicláveis, provenientes de fontes renováveis e, portanto, um meio responsável e natural de informação e conhecimento.

FSC
www.fsc.org
MISTO
Papel | Apoiando
o manejo florestal
responsável
FSC® C103535

Impressão: Reproset
Julho/2023